Rulebook of Basketball

すぐわかる
バスケットボール
ルール

審判・スコアの付け方

東 祐二 監修
元FIBA公認審判員

池田書店

はじめに

　皆さんご存知の通りバスケットボールは、「走る」「跳ぶ」「投げる」といった基本動作が盛り込まれた競技です。球技の中では狭い部類に入るコートの中を、10人のプレイヤーが相手のゴールを目指して縦横無尽に走り回るとてもスピーディーでエキサイティングな要素もその魅力です。もともとは、原則として体の触れ合いの無いスポーツとして始まりましたが、今では選手の身体能力の高まりによる攻撃力、シュート力のアップやそれを守ろうとする防御側の技術向上によって、規則で許される選手同士の体の接触無しにはこの競技は成り立たなくなっています。この攻防における「身体接触」こそが、バスケットボールの醍醐味でもあり、その見極めをする為に審判としての我々が必要となってきます。

　もちろん審判はファウルの判定だけでなく、バイオレーションやシュートの成功・不成功、時間などのゲーム全体を管理しなければなりません。そのうえで大前提となるのが「ルールの正しい理解」です。ゲームをスムーズに且つクリーンに運営していくためには、ルールを正しく知ることが大切です。今現在、審判をされている方、これから審判を志される方だけでなく、選手や指導者の方もルールを理解することで、日々進化している「あるべきバスケットボールのプレー」を習得することに繋がると考えます。

　本書はより多くの方々がバスケットボールに親しみ楽しむために、基本となるルールをわかりやすく紹介することを目的として編集されました。少しでもバスケットボールのさらなる普及、また一人でも多くの方に「審判」という役割に興味を持って頂くきっかけとなればと思います。

元FIBA（国際バスケットボール連盟）公認審判員

東 祐二

この本の使い方

この一冊でバスケのルールがすべてわかる!

バスケットボールのルールは、時間やコートを規定するものから、プレイヤー同士の接触、スポーツマン精神に反する行為に至るまで、多岐に渡っている。本書は、各項目別に決まり事や違反事項を列挙し、ポイント説明や写真を使ってわかりやすくルールを解説。PART1から順番に読み進めていけば、ルール全体を把握することができる。知りたい項目だけをピックアップして読めば、知識不足の部分をカバーすることになる。自分に合った読み方をして、バスケットボールをさらに楽しんでいこう。

▼わかりやすいページ構成(左ページ)

タイトル
ルール名や決まりごとなど、紹介する内容のタイトル名を記載。

メイン写真の説明
説明する項目でメインとなるポイントを表した写真についての内容説明。

チェックポイント
各項目で押さえておきたい部分だけをまとめて、箇条書きでピックアップ。

■ 本書の流れ

PART 1 ゲームと審判の基本知識
ゲームを行う前に知っておきたい、コートや用具、審判の動きや合図などを紹介。

PART 2 ゲームの流れ
プレー時間やコート上の決まりなど、ゲーム中に押さえておきたい事項を説明。

PART 3 バイオレーション
時間やエリアの制限などプレイヤーが守らなければならない規則の違反を解説。

PART 4 パーソナル・ファウル
ゲーム中に起こってしまう、プレイヤー同士の接触に関するルール違反を説明。

PART 5 その他のファウル
暴言や礼儀に欠ける態度など、著しくスポーツマン精神に反している行為を解説。

PART 6 スコアシート
得点やファウルなど、スコアシートの内容や記入方法を項目ごとに説明していく。

▼わかりやすいページ構成(右ページ)

ボールを弾ませ、自身で再度触れることを ドリブルと定義

ドリブルとは、ボールを投げたり叩いたりして、床やバックボードに弾ませ、他の選手が触れないうちにもう一度自身がボールに触れることをいう。ボールが手に触れていない間は、何歩でも歩くことができる。ドリブルはボールを床に弾ませて開始となり、両手や片手でボールを持つとその時点で終了。ファンブルは、ボールを取り損ねることを意味し、ドリブルではないのでボールを拾いあげた後ドリブルしてもイリーガル・ドリブルにならない。ただしドリブルを終えたとき、ファンブルしてボールを拾いあげた後はドリブルできない。

支え持ちながらの ドリブルは違反

写真のようにボールを支え持ちながらのドリブルは、イリーガル・ドリブル。

誤ってボールを 取り損ねる

最初に誤ってボールを取り損ねた場合には、ファンブルと定義され、再度ドリブルすることができる。

JUDGE ボールを支え持つ イリーガル・ドリブル

イリーガル・ドリブルの中でも、ボールを支え持ってからドリブルをしたときに判定されるバイオレーションの合図。手のひらを上に向け、水平に振りながら下に向ける動作をくり返す。

解説
丁寧な解説と状況別の判断など、ルールを具体例で確認することで理解度をアップする。

良い例と悪い例
ルールに違反するかどうか、実際の動きの写真を使って例をあげて示す。

審判の動作
紹介したルールに関する審判の判定動作などを明示。

CONTENTS | 目次

- はじめに …………………………………………………………………… 2
- この本の使い方 …………………………………………………………… 4

PART1
ゲームと審判の基本知識

- バスケットボールの面白さ ……………………………………………… 12
- コートの大きさ …………………………………………………………… 14
- 制限区域やスリーポイントエリア ……………………………………… 15
- バスケットゴール ………………………………………………………… 16
- ボールやその他の用具 …………………………………………………… 18
- チームメンバー …………………………………………………………… 20
- ユニフォーム ……………………………………………………………… 22
- ポジションと役割 ………………………………………………………… 23
- 審判の役割 ………………………………………………………………… 24
- 審判の服装 ………………………………………………………………… 26
- 審判の動き ………………………………………………………………… 27
- 審判の判断 ………………………………………………………………… 28
- 審判のポジショニング …………………………………………………… 30
- マージナルと イリーガル………………………………………………… 32

- ●審判の合図 …………………………………………………… 34
- ●テーブル・オフィシャルズ ………………………………… 50

- ●COLUMN　ボールに関して ……………………………… 52

PART2
ゲームの流れ

- ●ゲームの開始方法 …………………………………………… 54
- ●ゲームの時間と流れ ………………………………………… 56
- ●試合時間の停止と続行 ……………………………………… 58
- ●ゲーム終了のしかたと途中終了 …………………………… 59
- ●ボールの状態 ………………………………………………… 60
- ●ボールの扱い方 ……………………………………………… 62
- ●アウト・オブ・バウンズ …………………………………… 63
- ●スローインの方法 …………………………………………… 66
- ●シュート動作中のプレイヤー ……………………………… 68
- ●得点の種類 …………………………………………………… 70
- ●タイムアウトの方法 ………………………………………… 72
- ●プレイヤーの交代方法 ……………………………………… 74

- ●COLUMN　背番号について ……………………………… 76

PART3
バイオレーション

- ●バスケットボールのルール ………………………………… 78
- ●バイオレーションとは ……………………………………… 80

- ●ドリブル ……………………………………………… 82
- ●ダブルドリブル（イリーガル・ドリブル） …………… 84
- ●ピボットとピボットフット ……………………………… 86
- ●トラベリング① ………………………………………… 88
- ●トラベリング② ………………………………………… 90
- ●トラベリング③ ………………………………………… 92
- ●3秒ルール ……………………………………………… 94
- ●5秒の制限 ……………………………………………… 96
- ●24秒ルール …………………………………………… 98
- ●8秒ルール …………………………………………… 100
- ●バックコートバイオレーション① …………………… 102
- ●バックコートバイオレーション② …………………… 104
- ●ヘルドボール ………………………………………… 106
- ●ジャンプボール ……………………………………… 107
- ●オルタネイティング・ポゼッションルール ………… 108
- ●ゴール・テンディング ……………………………… 110
- ●インターフェア ……………………………………… 112
- ●フリースロー ………………………………………… 114
- ●フリースローのバイオレーション …………………… 116

- ●COLUMN　得点の種類について ………………………… 118

PART4
パーソナル・ファウル

- ●ファウルとは ………………………………………… 120
- ●シリンダー …………………………………………… 122
- ●リーガル・ガーディングポジション ………………… 124
- ●ボールをコントロールしているプレイヤーの防御 ………… 126

- ボールをコントロールしていないプレイヤーの防御 ……… 128
- ジャンプしたプレイヤーについて ……………………… 130
- チャージング ……………………………………………… 132
- ノーチャージ・セミサークルエリア ……………………… 134
- ブロッキング ……………………………………………… 136
- イリーガル・ユース・オブ・ハンズ ……………………… 138
- ポストプレーのファウル ………………………………… 140
- ホールディング …………………………………………… 142
- プッシング ………………………………………………… 144
- シュート動作中のファウル ……………………………… 146
- スクリーン・プレー ……………………………………… 148
- イリーガル・スクリーン ………………………………… 150
- スクリーンプレーで起こるファウル（防御側）………… 152
- ダブル・ファウル ………………………………………… 154

- COLUMN　ユニフォームのあれこれ ………………… 156

PART5
その他のファウル

- その他のファウルとは …………………………………… 158
- アンスポーツマンライク・ファウル …………………… 160
- プレイヤーのテクニカル・ファウル …………………… 162
- プレイヤー以外のテクニカル・ファウル ……………… 164
- ディスクォリファイング・ファウル …………………… 166
- ファイティング …………………………………………… 167
- 5ファウル（プレイヤーの5つ目のファウル）………… 168
- チームファウル …………………………………………… 169
- 特別な処置 ………………………………………………… 170

- 処置の訂正 ……………………………………………… 174
- COLUMN　バスケットボールの歴史 ………………… 176

PART6
スコアシート

- スコアシートの書き方と見方 ……………………… 178
- スコアシート　ランニング・スコア ………………… 180
- スコアシート　ファウル …………………………… 182
- スコアシート　失格・退場やタイムアウト ………… 184
- スコアシート　ゲーム終了について ……………… 186
- バスケット基本用語の索引 ………………………… 188

PART 1

ゲームと審判の基本知識

スピーディーな展開で人気の高いバスケットボール。
より深く楽しむために、
ゲームの基本知識や判定の種類を覚えておこう。

ゲームと審判の基本知識

ルール01 バスケットボールの面白さ

1 試合でのチームの得失点は70〜100点と他の球技に比べて多く、観る人を楽しませるエンターテイメント性の高いスポーツだ。

CHECK POINT

1. 5人ずつのプレイヤーからなる2チームが、定められたルールに従って、得点の多さを競う球技である。

2. 相手チームのバスケットにシュートし、ゴールすることによって得点を獲得できる。

3. 攻撃側はパスやドリブルでボールをつないでシュートし、防御側は相手チームにゴールさせないようにする。

攻守の切り替えが早いのが特徴
スピード感が魅力のスポーツ

　決められた広さのコート上で、制限時間内に多く得点したチームが勝ちとなる。パスやドリブルをしながら攻撃を進め、相手チームのバスケットへのゴールを狙い、自分のチームのバスケットを防御する。コートが狭いため、プレイヤーは縦横無尽にコートを動き回り、攻守の切り替えが早いのが特徴で、スピード感が魅力。個人技が光る華麗なボールさばきや、多彩なチームプレーが見所である。

▌スピーディーなゲーム展開

ゲームの流れをつくり、相手を素早くかわし切り込んでシュートを狙う。ボールを運ぶドリブルはスピード感あるバスケットを演出する。

▌接近戦での
　ボールコントロール

相手の至近距離で、ボールをコントロールする場面も多い。ゴールを狙うタイミングでは、攻守のプレーがヒートアップする。

ルール02 コートの大きさ

- サイドライン 28 m
- スローインライン
- センターライン
- センターサークル
- コートのラインは幅5cmの白色で引き、コートの大きさはラインの内側で測る。ライン上はコートには含まれず、アウトとなる。
- フリースローライン
- ノーチャージ・セミサークル
- エンドライン 15 m

コートを囲むラインは、サイドラインとエンドライン

　コートは、縦が28m、横が15mと決められている。コートを描くラインは、縦に2本のサイドライン、横に2本のエンドライン、コートを半分に分けるセンターラインがある。エンドライン内側から5.8mの位置には、エンドラインと平行に引いた、長さ3.6mのフリースローラインがある。コートの中央には、第1クォーター開始時にジャンプボールを行う、直径3.6mのセンターサークルがある。

ルール03 制限区域やスリーポイントエリア

オフィシャルズテーブルの反対側の、エンドラインとサイドラインの角から8.325mのところには、スローインラインがある。

スリーポイントラインとゴールの下にある制限区域

　スリーポイントラインは、リング中央の真下から半径6.75mの半円形と、サイドラインと並行にエンドラインの0.9m内側から直角になるように直線を、半円と交わる点まで延長したものである。そのラインの外側からシュートし、ゴールすると得点は3点となる（内側は2点）。エンドラインからフリースローラインを結んだ、ゴールの周辺にある長方形のエリアは制限区域と呼ぶ。ゴールの真下には、半径1.25mの半円を描くノーチャージ・セミサークルがある。

1 ゲームと審判の基本知識

ルール 04 バスケットゴール

3.05 m

ボールをダイレクトにリングを通してゴールする方法と、一旦バックボードに当ててからリングへと沈めてゴールさせる方法がある。

CHECK POINT

1. バスケットは、リングとネットでできていて、リングの高さは床から3.05mである。

2. リングの内径は45～45.9cmで、ボール2個分よりやや狭いサイズである。リング下にはネットが付けられている。

3. リングはオレンジ色の鋼鉄製、ネットは白いひも製。バックボードは適切な強度を持つ透明な素材を原則とする。
※透明でない場合は表面を白く塗る。

リング、ネット、バックボードなどの素材とサイズ

　コートの両端に、リング、ネット、バックボード、支柱などで構成された、バックストップユニットを設置する。リングとネットを合わせてバスケットと呼び、オレンジ色の鋼鉄製の内径45〜45.9cmのリングと、長さ40〜45cmの白いひも製のネットでできている。バックボードは縦1.05m×横1.8mで、エンドラインから1.2m内側に設置される。

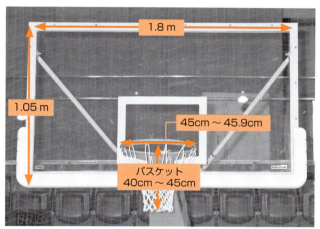

バックボードは透明なアクリルや白色に塗った木材などで作られている。外周にはボード表面が透明なら白のライン、白色なら黒のラインで5cmの縁取りがされている。

ゴールの際、ボールがリングを通過するとき一瞬止まるように、リング下には40〜45cm長さのネットが取り付けられている。

1 ゲームと審判の基本知識

ルール 05 ボールやその他の用具

ボール表面はオレンジ色のパネル、またはオレンジと薄茶の2色を組み合わせたパネルを黒いシーム（つなぎ目）で覆ったものとする。

CHECK POINT

1. ボール表面の素材は天然皮革、合成皮革、ゴムのいずれかで作ったものを使用する。

2. ボールは、中学生以上の男子で7号サイズ（直径24.5cm、周囲74.9〜78cm、重さ567〜650g）を使う。

3. 弾力は、床からボール下部まで1.8mの高さから落とし、上部が1.2〜1.4m の高さに弾むように空気圧を調整。

※女子は6号サイズ（周囲72.4〜73.7cm、重さ510〜567g）

ゲームの進行や管理をするうえで欠かせない用具と種類

　大きさや材質などが定められているボールの他、ゲームに必要な用具には、様々なものがある。ファウルの数を表示するものや得点を記録するボード、時間を計測する表示器などゲームを公正にすすめていくうえで欠かせないアイテムとなっている。ショット・クロックや得点表示の用具は、プレイヤーやベンチ、観客席など全ての人が見やすい場所に設置しなければならない。

各チームのファウル数を表示する用具。オフィシャルズ・テーブルの両端に設置する。

プレイヤーの宣せられたファウル数を示す標識。電光表示式のものもある。

ショット・クロック（P98参照）はバックボード上や床置き式があり、見やすい規定の場所に設置する。

両チームの得点やゲームの時間を示す用具。選手や観客、ベンチにもわかりやすい場所で表示。

ゲームと審判の基本知識

ルール 06 チームメンバー

コート内のチームの代表者であるゲームキャプテンの役割は、他のプレイヤーをまとめ上げながら、ゲームを組み立てることである。

CHECK POINT

1. 試合開始時に出場するプレイヤー5人（そのうち1名がゲームキャプテン）と、交代要員が最大7人である。

2. コーチは試合中にタイムアウトの請求（アシスタントコーチやコーチがいない場合はゲームキャプテンでも可）ができ、立ってプレイヤーに指示を与えることが認められるのはコーチもしくはアシスタントコーチのみであり、いずれか1人だけが立ち続ける事ができる。

ベンチ入りは最大12人まで
交代は何度でも可能

　試合は5人のプレイヤーで行われ、その他のメンバーは交代要員と呼ばれる。試合に出場できるメンバーは12人まで認められる。交代は何度でも可能で、一度ベンチにさがっても交代で再びプレーできる。ファウルや怪我などで退場した場合も、他のプレイヤーが交代で入ることができ、交代するメンバーがいなくて人数が減っても、片方のチームが1人になるまで試合は続けられる。

※交代は何度でも可能だが、5回のファウルを宣せられたプレイヤーと退場者は除く。

チームのベンチには、コーチや交代要員の他、大会規定で定められている関係者は入ることができる。大会によっては、12人以上のメンバーが登録されることもある。

キャプテンが交代した場合は、コーチが次のコート上のキャプテンを決めプレイヤー番号を審判に伝える。

ルール07 ユニフォーム

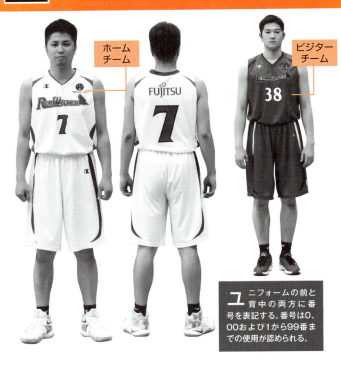

ユニフォームの前と背中の両方に番号を表記する。番号は0、00および1から99番までの使用が認められる。

メンバー全員が同じデザインで濃色淡色のユニフォームを用意

　ユニフォームのシャツとパンツは、全員が同じデザインの同色・同形のものを着用する。濃色と淡色の2種類を用意し、ホームチーム（またはプログラムで先に記載されているチーム）が淡色、ビジターチームが濃色を使用。前と背中にシャツと違う色で番号を表記する。試合中は、シャツの裾はパンツの中に入れる。（女子はこの限りではない）ユニフォームの下にTシャツを着用することは、認められない。

ルール08 ポジションと役割

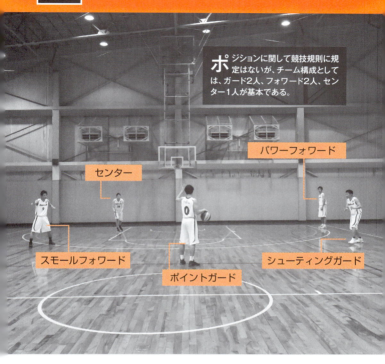

ポジションに関して競技規則に規定はないが、チーム構成としては、ガード2人、フォワード2人、センター1人が基本である。

- パワーフォワード
- センター
- スモールフォワード
- ポイントガード
- シューティングガード

ポイントガードは攻撃の司令塔
センターはポストマンの役割

　基本的には、攻撃の司令塔としてゲームを組み立て、パスを供給し自らもシュートチャンスを狙うポイントガード。ロングシュートで高得点を狙うシューティングガード。ゴール下にドリブルで入り込み、リバウンドも獲得するスモールフォワード。ゴール近くで攻守にパワフルなプレーが求められるパワーフォワード。ゴール下でボールを獲得し、ポストマンとしての役割を担うセンターがある。

1 ゲームと審判の基本知識

ルール 09 審判の役割

審判はプレイヤーと同じようにコート周辺を動き回り、すべてのプレイヤーの動きを把握して、瞬間のプレーを判断する必要がある。

CHECK POINT

1. バスケットボールの2人制での審判は、クルーチーフ1名とアンパイア1名で構成される。

2. バスケットボールの3人制での審判は、クルーチーフ1名とアンパイア2名で構成される。

3. プレーの反則や違反に関する判定は、クルーチーフもアンパイアも同等であり、それぞれ独自に判定をくだす権限を持つ。

クルーチーフとアンパイアは同等の権限を持ちそれぞれの役割を担う

　バスケットボールの審判は、2人制ではクルーチーフ1名とアンパイア1名、3人制ではクルーチーフ1名とアンパイア2名で構成。クルーチーフもアンパイアも、プレーの違反や反則に関する判定には同等の権限を持ち、それぞれ笛を吹き、ジェスチャーを使って判定をくだす。クルーチーフとアンパイアの判定が一致しないときには、最終的にクルーチーフが判定をくだす。また、クルーチーフには用具や器具などを点検したり、ジャンプボールのトスアップを行うなどの任務がある。

クルーチーフとアンパイアはゲームにおいて、プレイヤーの動作やボールの状態などによってお互いに連携しながら位置どりを変えて判断をくだしている。ゲーム進行の管理やルールに反した行為に対する合図が必要な場合は、素早くはっきりと示す。

1 ゲームと審判の基本知識

ルール 10 審判の服装

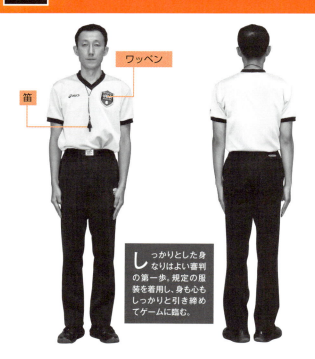

- ワッペン
- 笛

しっかりとした身なりはよい審判の第一歩。規定の服装を着用し、身も心もしっかりと引き締めてゲームに臨む。

審判とプレイヤーを区別する規定の服装

バスケットボールの審判の服装は、プレイヤーと区別するためにグレーの半袖シャツと黒のスラックスとソックス、シューズを着用する。公認審判は左胸にワッペンをつける。笛やベルトなどの備品のチェックや、シューズの紐がほどけたりしないようなチェックも忘れずに行いたい。審判は信頼される立場として、服装や身だしなみもきちんとしておくことも大切になる。

ルール11 審判の動き

審判は、正しい判定をするためにもコートをいくつかに分割し、それぞれの位置により担当するエリアと役割をあらかじめ決めておく。

審判の動きや位置取りのポイント

　審判は素早く公正な判断をするために次の4つの動きを心がけている。①プレーと適切な距離をとり、静止して判定するためにポジションを調整するステーショナリー&ディスタンス。②見るべきものを明確にしてポジションをとり、まずディフェンスのイリーガルな動きを判定するレフェリーディフェンス。③ドライブ、スクリーン、リバウンドなどプレーが展開する中で自分の見るべきプレーが次に展開するまで見届けるステイウィズザプレー。④2人制の時のみ、クルーチーフとアンパイアの視野にプレイヤー全員をおさめるボクシングイン。

1 ゲームと審判の基本知識

ルール 12 審判の判断

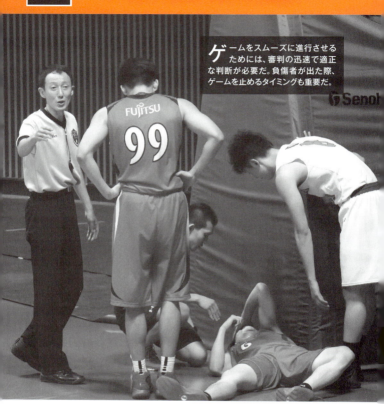

ゲームをスムーズに進行させるためには、審判の迅速で適正な判断が必要だ。負傷者が出た際、ゲームを止めるタイミングも重要だ。

CHECK POINT

1 プレイヤー同士の体の接触があった場合、どちらに責任があるか、ファウルとしてとりあげるべきかを判断。

2 ショット・クロックや各クォーター終了間際のプレーが有効か、終了しているかどうかの判断は審判が行う。

3 ゲーム中に負傷者が出た場合や床が濡れている場合に、プレーを止めたりするなど、適切なゲーム運営を行う。

審判は迅速かつ適切な判断が必要

　審判はプレイヤー同士の体の接触があった場合に、どちらのプレイヤーに責任があるか、それがルールで許される接触かを判断する役割がある。時限の終わり間際のプレーに関して有効か無効かなどの判断も行う。このように審判は常に迅速で適切な判断を求められる立場である。さらにゲーム中に負傷者が出て保護する必要がある場合や、コート上が濡れて滑りやすくなった場合も、プレーを止めたりするなど適切なゲーム運営を行うための気配りも必要とされる。

ジェスチャーの動作は全身を使う

審判が動作をするときは、全身を使ってしっかりと行う。

それぞれの動作をわかりやすくはっきりと

周囲に意思をしっかりと伝えるため、わかりやすいはっきりとした動作で。

1 ゲームと審判の基本知識

ルール 13 審判のポジショニング

審判はそれぞれ判定する位置があり、別の角度からプレイヤーやボールの動きを確認して適切なゲームの運営の判定を行う。

CHECK POINT

1. エンドライン付近で、プレー進行方向の前で待ちうけて判定する審判をリード・オフィシャルという。

2. サイドライン付近から、プレー進行方向の後ろから追いかけて判定する審判をトレール・オフィシャルという。

3. 2人制の時は、2人で10人すべてのプレイヤーを視野に入れるようにして判定を行う(ボクシング・インの原則)。

審判はそれぞれコート上に分かれて位置し適切な判断を行う

進行するプレーを待ち受けて、エンドライン付近からプレーを見る審判をリード・オフィシャルと呼び、進行方向の後ろから進み、サイドライン付近でプレーを見るトレール・オフィシャルと呼ぶ。2人制審判の場合、正確な判断をするためにも、2人ですべてのプレイヤーを視野に入れて、自分の担当する範囲はもちろん、守備の陣形やボールの位置を把握しておくことが重要だ。

3人で三角形をつくりプレイヤー全員を視野に入れる3人制

3人制審判の場合は、リード・オフィシャルとトレール・オフィシャルは同じサイド、センター・オフィシャルがトレール・オフィシャルの反対サイド、フリースローラインの延長上付近に位置どり、3人で三角形をつくりプレイヤー全員を視野に入れる。

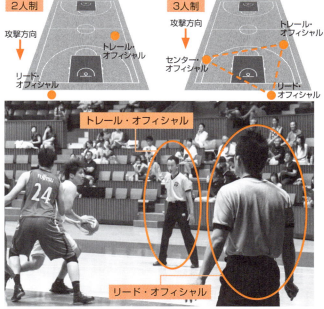

シュートなど重要なプレーに対しては、プレイヤーが重なって見づらい場合などもあるので、2人の審判が違った角度から見て正確な判定をできる準備をしておく。

ゲームと審判の基本知識

ルール14 マージナルとイリーガル

バスケットボールは、プレイヤー同士の体の接触が頻繁に起こるスポーツ。ゲーム状況を踏まえ、適切な判定をしなければならない。

CHECK POINT

1 審判は体の接触の際、責任の所在と相手に与える影響を見極めてファウルとするかを判定。やむを得ない接触や軽微な接触でプレーに影響がない（マージナル）と判断したらファウルを適用しない。

2 表面上は小さな接触でも、ルールで許されない（イリーガル）体の接触は、ファウルとして判定される。審判はどんな場合でも悪質なプレーを見逃さず、適切に判断をくだす。

体の接触がどの程度プレーに影響しているか

　審判は、プレイヤー同士の体の接触があった際に、どちらのプレイヤーに責任があるのかを見極める。それがどの程度プレーに影響しているかを考慮して、ファウルとして取りあげるかどうかを判断しなければならない。接触があった場合でも、意図したプレーが続けられる状態であれば、マージナルとしてファウルとしない。イリーガルな接触により、意図したプレーができない状態であれば、ファウルが宣せられる。

ボールプレーであってもボール以外の体の部分に接触があり、プレーが妨げられたと判断されればファウルとなる。

1 ゲームと審判の基本知識

ルール 15 試合の進行についての審判の合図

時計を止める
笛を吹くと同時に手を開いて上にあげたら、時計が止まる。

手はしっかりと上に上げる
ヒジが曲がっていたり、手を極端に横にあげたりしていけない。

タイム・イン
あげた手を下におろすと同時に、時計が動き出す。

タイムアウト (P72)

笛を吹き、手のひらにもう片方の手の人差し指をあててT型を示したときからタイムアウトが始まる。

クローズアップ

交代 (P74)

体の前で両腕を交差させると、プレイヤー交代の合図。

交代要員を招き入れる

手のひらを自分の方に向けて軽く振り、コートに入るプレイヤーを招き入れる。

1 ゲームと審判の基本知識

ルール16 試合の進行についての審判の合図

1点を認めるとき

指を1本あげ、手先を振ると得点が1点認められる。

1点の場合は、人差し指を1本あげ、手首を曲げる。

2点を認めるとき

指を2本あげ、手先を振ると得点が2点認められる。

人差し指と中指の2本をあげて、手首を曲げる。

3点を認めるとき

指を3本立てた両手を上にあげると得点が3点認められる。

親指、人差し指、中指の3本を出して両手をあげる。

3ポイントシュートが行われたとき

片方の手で指を3本立て、上にあげる。

得点を認めない またはプレーのキャンセル
両手を左右に交差させると、得点やプレーを認めない。

確認の合図
片手の親指を立てると確認の合図になる。

24秒のリセット
指を1本立てて腕を上げ、手首を大きく回す。

ファウルがあり時計を止める
コブシを上に突きあげる。

1 ゲームと審判の基本知識

ルール 17 バイオレーションの審判の合図

バイオレーションの合図の流れ

1 時計を止める

まず、笛を吹くと同時に手を開いて上にあげて時計を止める。

2 バイオレーションの合図

次に、起こったバイオレーションを示す合図を出す。

3 攻撃の方向を示す

最後に、サイドラインと平行に指を出し、次に攻撃が行われる方向を指す。

3秒ルール (P94)

指を3本立て、腕を前に出して3秒ルールの違反を示す。

5秒の制限 (P96)

片手を開いて上にあげ、5秒ルールの違反を示す。

8秒ルール (P100)

片手を開いてあげ、もう片方の手は指を3本立ててあげて、8秒ルールの違反を示す。

1 ゲームと審判の基本知識

ルール 18 バイオレーションの審判の合図

24秒ルール（P98）
あげた片手のヒジを曲げて肩を触れ、24秒ルールの違反を示す。

ボールを故意に足で扱う
指で片足のツマ先を指す

クローズアップ

しっかりとツマ先を立て、足を使ったことを示す

バックコートバイオレーション（P102）
指でフロントコートとバックコートを交互に指す。

ダブルドリブル(P84)
イリーガル・ドリブル

手のひらを下に向けた両手を前に出し、交互に上下に動かす。

手のひらを下に向け、両手でドリブルするような動作をする。

イリーガル・ドリブル(P83)
ボールを支え持つドリブル

手のひらを上に向け、水平に振りながら手のひらを下に向ける動作をくり返す。

1 ゲームと審判の基本知識

ルール 19 バイオレーションの審判の合図

トラベリング (P88)
両手のコブシを体の前で回転させる。

クローズアップ

わかりやすいように大きく回す。

SIDE

ヘルドボール
（もしくはジャンプボールシチュエーション）
両手の親指を立てる。

ルール 20 プレイヤーについての番号 審判の合図

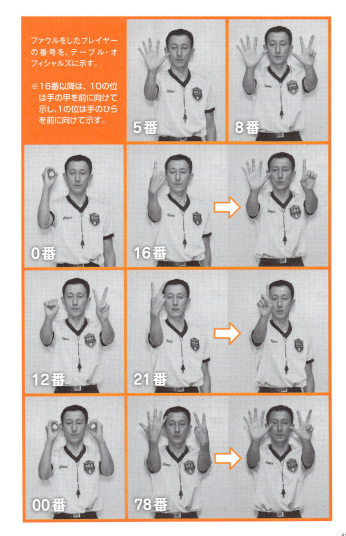

1 ゲームと審判の基本知識

ルール 21 ファウルについての審判の合図

ファウルの合図の流れ

1 時計を止める

笛を吹くと同時にコブシを上に突き出す。その後オフィシャルズテーブルから6〜8mの位置に走って移動してファウルをしたプレイヤーの番号を示す。

クローズアップ

2 ファウルの合図を出す

次に起こったファウルの種類を示す合図を出す。

クローズアップ

3 攻撃の方向またはフリースローの数を出す

最後に攻撃が行われる方向を指で指して(オフェンスファウルの場合はコブシを出してP48参照)示すか、指でフリースローの数を示す。

ホールディング（P142）
手首をにぎって下にさげる。

ブロッキング（P136）
イリーガル・スクリーン（P150）
両手を腰にあてる。

プッシング（P144）
両手で押すような動作をする。

ハンドチェッキング
手首を握り、手のひらを前に突き出す。

ゲームと審判の基本知識

ルール22 ファウルについての審判の合図

イリーガル・ユース・オブ・ハンズ (P138)
手でもう片方の手首を叩く。

チャージング (P132)
手のひらを、もう片方の手のコブシで叩く。

シュートに対する手のファウル
手のひらで、もう一方の前腕を叩く。

ヒジをぶつけるファウル
片手のヒジを前に出して、後ろに振る。

頭をたたくファウル
頭をたたく、または頭にふれるまねをする。

ボールをコントロールしている方のファウル
ファウルしたチームのバスケットに向かってコブシを突き出す。

シュートの動作中の プレイヤーに対するファウル

ファウルで時計を止める合図をし、その場でフリースローの数を示す。

シュートの動作中ではない プレイヤーに対するファウル

ファウルで時計を止める合図をし、その場で床をさし示す。

テクニカル・ファウル (P162)

両方の手のひらで「T」の字をつくる。

アンスポーツマンライク・ ファウル (P160)

手首を握って頭上に上げる。

ダブル・ファウル (P154)

両手のコブシを握って上にあげ、左右に振る。

ディスクォリファイング・ ファウル (P166)

両手のコブシを頭上にあげる。

1 ゲームと審判の基本知識

ルール23 次に行われるプレーについての審判の合図（フリースロー、スローインと攻撃方法）

フリースローの数（スコアラーに示す場合）

フリースローの数を指で示して前に出し、スコアラーに向ける。

1つのフリースロー

2つのフリースロー

3つのフリースロー

ファウル後に、次の攻撃が行われる方向

サイドラインと平行に指を出し、次に攻撃が行われる方向を指す。

クローズアップ

ボールをコントロールしていた側のファウル後の攻撃方向

サイドラインと平行にコブシを出し、次に攻撃が行われる方向を指す。

クローズアップ

フリースローの数（プレイヤーに示す場合）

フリースローの数を指で示して前に出し、プレイヤーに向ける。

フリースロー中の合図

フリースローの残りの本数を示す。

1 ゲームと審判の基本知識

ルール 24 テーブル・オフィシャルズ

スコアラーなど4名のテーブル・オフィシャルズは、自分の仕事に集中しつつも、声をかけ合う等お互いに協力し合うことが大切。

CHECK POINT

1. テーブル・オフィシャルズは、ゲーム進行のための重要な役割を持つ。

2. テーブル・オフィシャルズはスコアラー、アシスタント・スコアラー、タイマー、ショット・クロックオペレーターの4名で構成。

3. テーブル・オフィシャルズ同士は、互いに声を出し連絡をし合うようにする必要がある。

ゲームには欠かせない
テーブル・オフィシャルズ

　テーブル・オフィシャルズとは、スコアを記入するスコアラー、スコアボードを操作するアシスタント・スコアラー、ゲーム時間を管理するタイマー、ショット・クロックを操作するショット・クロックオペレーターの4名で構成される。審判を補佐しながらゲームを公正かつスムーズに進行させる重要な役割を担うので、互いのコミュニケーションも大切。テーブル・オフィシャルズが座る席は、オフィシャルズテーブルという。

オフィシャルズテーブル（テーブル・オフィシャルズが座る席）は、コート中央付近の全体をよく見渡せる位置に置かれる。プレイヤーや審判同様、緊張感を持ってゲームに臨み、進行を管理する重要な役割を担う。

審判はスコアラーにわかるように合図する必要がある。

COLUMN ● ルールこぼれ話1

ボールに関して

国際ルールで決められているボールの大きさは男子が7号、女子6号であるのに対し、NBAでは7号より直径2cmほど小さい6.5号が使われている。これは、NBAの中でも特に体の大きかったシャキール・オニールが代表的な例だが、フリースロー時に手の大きい選手は小さいボールをコントロールしづらい傾向にある。よって、体の大きい選手と小さい選手とのシュート率などの公平性を保つためといわれている。また、ボールを小さくすることでボールハンドリングをアップし、手の小さい選手でもダンクシュートなどボールを片手で扱うダイナミックなプレーをできるようにしている。ボールが小さいと当然遠くからのシュートも入りやすくなるので、プロスポーツとしてのエンターテイメント性を高め、観客を楽しませる効果もあるといわれている。NBAでは、国際ルールと異なる規則を用いることで、見ている側をより楽しませることに配慮しているのだ。

NBAや国際ルール、さらに男子と女子等、カテゴリによってボールの大きさが変わる。

PART 2

ゲームの流れ

ゲームをはじめる前に、時間やボール運び、
プレー範囲のルール、シュートに関することなど、
全体的な決まりごとをおさえてこう。

2 ゲームの流れ

ルール01 ゲームの開始方法

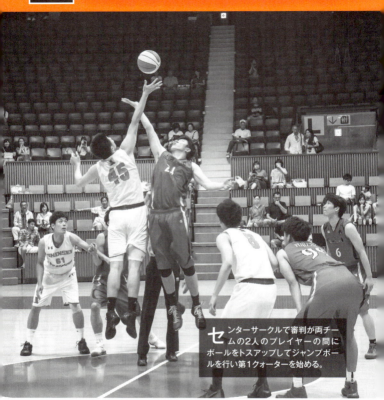

センターサークルで審判が両チームの2人のプレイヤーの間にボールをトスアップしてジャンプボールを行い第1クォーターを始める。

CHECK POINT

1 両チームが選出したジャンパーが、センターサークル内の自チームのバスケットに近い半円内に立つ。

2 両ジャンパーは、審判がトスアップするまで、定位置から動いてはいけない。

3 ジャンパー以外のプレイヤーは、ジャンパーがボールをタップするまで、センターサークルの内側に入れない。

第1クォーターはジャンプボール

　第1クォーターは、ジャンプボールで開始。審判はボールをジャンパーが届かない高さに上げ、ジャンパーはボールが最高点に達してからタップ。第2クォーター以降は、オルタネイティングポゼッション（P108）により、交互のスローインで開始。第2クォーターは、第1クォーターでヘルドボールなどジャンプボール・シチュエーション（P109）がなければ第1クォーターのジャンプボールでボールコントロールできなかったチームのスローイン。

ジャンプボールでボールがどちらのジャンパーにもタップされなかったり、低すぎたり、トスアップのボールが曲がったときは、やり直しをする。

第2クォーター以降はスローインで始める。スローインでは、プレイヤーはオフィシャルズ・テーブルから遠いセンターライン外側の延長部分をまたいで立つ。コート内のどのプレイヤーにスローインすることも可能。

2 ゲームの流れ

ルール 02 ゲームの時間と流れ

ゲームクロックは試合の流れにそって始動、停止され、試合の残り時間を表示。全ての人が見やすい場所に設置する。

CHECK POINT

1. ジャンプボールで、ジャンパーがボールにタップした時点でゲームが開始され、クロックも動き始める。

2. 各クォーター10分として、4回行う。各クォーターを、第1〜第4クォーターと呼称する。

3. 各クォーター、およびゲームは、タイマーの合図が鳴った瞬間に終了する。

10分を1クォーターとして第4クォーターまで行う

　バスケットボールの試合では、各10分（中学生は8分）のクォーターを4回行う。第4クォーターが終了した時点で同点の場合は、1回5分（中学生は3分）のオーバータイムを必要なだけ行う。第1と第2、第3と第4クォーターの間とオーバータイムの前に2分のインターバル、第2と第3クォーターの間は、試合前とともに10分のインターバルが設けられる。第1と第2クォーターは前半、第3と第4は後半となる。

クォーター説明

一般と中学生では試合時間が異なる。ゲームの前には10分間のインターバルが設けられ、ゲームの準備を行う時間にあてられる。オーバータイムの攻撃方向は、後半戦と同じバスケットゴールとなる。

ルール03 試合時間の停止と続行

ファウルやバイオレーションで審判が笛を吹いたときに、ゲームクロックは止まる。

審判の合図により、プレイヤーはゲームを停止、続行する

　ゲームクロックは、ジャンプボールでプレイヤーがボールにタップした時点と、スローイン、またはフリースローが不成功な場合のリバウンドボールが、コート内のプレイヤーに触れた時点で始動する。ファウルやバイオレーションで審判が笛を吹いたときや、各クォーターやオーバータイムが終了するときにタイマーの合図が鳴った瞬間などに、ゲームクロックは停止する。

ゲーム終了のしかたと途中終了

片方のチームのプレーできるプレイヤーが一人になってしまったとき、ゲームは終了となる。

タイマーの合図により
クォーターは終了となる

　各クォーターやオーバータイム、ゲームの終わりは、タイマーの合図が鳴った瞬間に終了となる。ゲーム中に片方のチームのプレイヤーが1人になると、ゲームの途中終了となる。相手チームの得点が多いときはそのままのスコアを採用し、そうでない場合は2対0。またゲーム開始予定を15分過ぎてもプレイヤーが5人揃わない場合やクルーチーフがすすめたプレーを拒んだり、ゲームの進行を妨げるとゲームの没収となり、20対0で相手チームの勝ちとなる。

2 ゲームの流れ

ルール05 ボールの状態

スローインやフリースローを開始するときに、審判からボールを渡された瞬間に、ボールはライブとなる。

CHECK POINT

1. バスケットボールでは、ボールの状態はライブとデッドの2種類。

2. スローインやフリースローのとき、プレイヤーが審判からボールを渡された瞬間にボールはライブとなる。

3. 特別な場合をのぞいて、審判が笛を鳴らした瞬間にボールはデッドとなる。

特別な場合をのぞいて、審判が笛を鳴らした瞬間にボールはデッドとなる

　バスケットボールでは、ボールの状態はライブとデッドの2種類。通常、スローインやフリースローのとき、審判からボールを渡された瞬間にボールはライブとなり、審判が笛を鳴らした場合やタイマーの終了の合図でボールはデッドとなる。ただし、シュートしたボールが空中にある場合や、相手プレイヤーの反則で笛が鳴ってもシュート動作に入っている場合は、ボールはデッドにならない。

ライブの状態の例

審判の笛が鳴ったり、ショット・クロックの合図があっても、空中にボールがある場合はボールはライブの状態として扱われる。

シュートのときに相手のファウルが起こり、審判の笛が鳴ってもボールはライブでありシュートが成功すれば得点は認められる。

ライブの条件
（1）ジャンプボールでトスアップのボールが審判の手から離れたとき。
（2）フリースローで審判からシューターへボールが渡されたとき。
（3）スローインで審判からプレイヤーにボールが渡されたとき。

デッドの条件
（1）シュートやフリースローが成功したとき。
（2）ファウルやバイオレーションが起こり審判が笛を鳴らしたとき。
（3）各クォーターやオーバータイムの終了の合図が鳴ったとき。
（4）フリースロー（あとに何本か続く）が入らなかったとき。

2 ゲームの流れ

ルール 06 ボールの扱い方

ボールをわざと足で蹴ったり、コブシで叩くことは違反。相手チームのボールとなり、ショット・クロックをリセットして(但しフロントコートで14秒以上のときはそのまま、13秒以下のときは14秒にする)スローインでゲーム再開。

ボールは
常に手で扱うことが大前提

　バスケットボールにおいては、ボールは、必ず手で扱わなければならず、故意に蹴ったり、足に当ててボールを止めることはバイオレーションとなる。(P80)またコブシでボールを叩いた場合も足での行為と同様にバイオレーションとなる。ただし、ゲーム中、偶然足にボールが当たってしまった場合はバイオレーションとはならず、プレーは続行される。

ルール 07 アウト・オブ・バウンズ

境 界線を踏んだり、越えてしまうと違反となる。境界線やその外側にいる人やものに触れたときも同様に違反となる。

境界線の外でボールに触れるとアウト・オブ・バウンズとなる

　アウト・オブ・バウンズは、ボールがコート外に出てアウトになることや、コート外のアウトにいるプレイヤーがボールに触れることの2種類があり、最後にボールに触れたプレイヤーのバイオレーションとして扱われる。ボールがライン外に触れる前であれば、プレイヤーの踏み切った場所がコート内の場合、空中でボールを扱うことができる。

2 ゲームの流れ

ボールの場合

ボールがラインの内側にあれば、アウト・オブ・バウンズにはならない。

ボールがラインの上にある場合は、アウト・オブ・バウンズになる。

ボールがラインの外側やコートの外側にあるものに触れるとアウト・オブ・バウンズになる。

プレイヤーの場合

プレイヤーがラインの内側に触れている状態は、アウト・オブ・バウンズにはならない。

プレイヤーがラインの上を踏んでいる場合は、アウト・オブ・バウンズになる。

プレイヤーがライン外側に触れるとアウト・オブ・バウンズとなる。

バックボードの裏側にあたった場合は
違反とみなされる

表側

ボールがバックボードの横や上下の側面に触れた場合は、アウト・オブ・バウンズにならないので、そのままゲームは続行される。

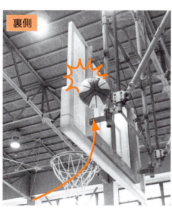

裏側

ボールがバックボード裏面や裏の支えに触れた場合はアウト・オブ・バウンズ。ボールがリングとバックボードに挟まったり、のってしまうと、ジャンプボールシチュエーションとなる。

JUDGE
アウト・オブ・バウンズの判定

ボールやボールを持っているプレイヤーが境界線上やその外側に出てしまうと、アウト・オブ・バウンズと判定され、ゲームが停止される。相手チームのボールとなり、スローインでゲームが再開される。

2 ゲームの流れ

ルール08 スローインの方法

コート内のプレイヤーは、スローインが終わるまでの間、体の一部を境界線を越えて外に出すことはできない。

CHECK POINT

1 5秒以内にスローインのボールを手離さなければならない。

2 ボールを手離す前なら審判に指示された位置から、ライン沿いに1メートル以内の幅であれば、自由に動くことができる。

3 直接バスケットにいれて得点することはできない。（直接入れるとバイオレーションにより相手ボールとなる。）

4 第4クォーター残り2分を切ってバックコートでスローインを始めるチームがタイムアウトを認められたとき、そのチームのバックコートからか、フロントコートのスローインラインからか、再開場所を選ぶことができる。

状況によって
スローインを行う位置が変わる

　第1クォーター以外のクォーターとオーバータイムの開始のスローインは、オフィシャルズテーブルから遠い側のセンターラインの外側で行う。また、バイオレーションやファウルが起こり、審判がゲームを止めた場合は、その時点でボールがあった位置にもっとも近いラインの外側から行う。得点後のスローインは、得点を決められたバスケットのエンドラインの外側の任意の位置から行う。

ラインを踏み越えるとバイオレーションになるので、スローインは気をつけよう。

ラインを踏んでも構わないが、踏み越えてのスローインは不可。

JUDGE
スローインは審判が指示した位置でプレイヤーにボールを手渡す

　ファウルやバイオレーションのときは、審判がボールを渡してスローインとなりゲームは再開される。シュート成功後は審判はボールを扱わずエンドラインからスローイン。

2 ゲームの流れ

ルール09 シュート動作中のプレイヤー

レイアップシュート　　ジャンプシュート

シュートは両手や片手で投げるスロー、バスケットに直接入れるダンク、空中のボールをバスケットに叩くタップがある。

CHECK POINT

1. シュートをしようとして腕を上げる動作をするために、ボールを片手または両手で持ったときから、シュート動作は始まる。

2. シュートしたプレイヤーが空中にいる場合、そのプレイヤーの両足が床に着くまでがシュート動作中となる。

3. シュート動作中のプレイヤーがファウルをされるとフリースローが与えられる。

ゴールをねらいボールを持った時点で シュート動作の開始となる

　相手チームのバスケットをねらい、シュートを行おうとしていると審判に判断されるとシュート動作は始まる。シュート動作は両手、または片手でボールを持ったときに開始され、手からボールが離れた時点で終了。シューターが空中にいる場合には、シューターの両足が床に着くまでがシュート動作中。シュート動作中に相手プレイヤーにファウルをした場合は罰則としてフリースローとなる。

シュート動作の流れ

相手のバスケットをねらってボールを持ったときからシュート動作の開始。誤って自チームのゴールに向かった場合はシュートとみなされない。

ジャンプをして空中にいる間はシュート動作中とみなされ、相手プレイヤーがファウルをするとフリースローになる。

ボールがゴールに入るか入らないかに関わらず、両足が床に触れるとシュート動作の終了となる。

2 ゲームの流れ

ルール10 得点の種類

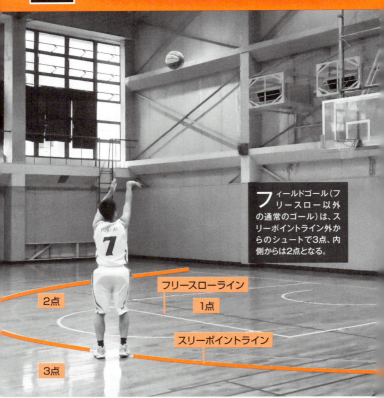

フィールドゴール(フリースロー以外の通常のゴール)は、スリーポイントライン外からのシュートで3点、内側からは2点となる。

フリースローライン　1点
スリーポイントライン
2点
3点

CHECK POINT

1 ライブのボールがバスケットを上から通過するか、とどまるとゴールとなり、得点が得られる。

2 フリースローや各ポイントエリアからのゴールによって得点が異なる。

3 誤って、また偶然でも自チームのバスケットに入れてしまうと、相手チームのゴールとなる。

シュートする位置によって得点は異なる

　相手チームのバスケットをボールが上から通過するかとどまると、ゴールとなり得点を得られる。フリースローでは1点、スリーポイントエリアからは3点、それ以外は2点となる。誤って自チームにゴールしてしまうと相手チームに2点が加点。ボールが下からバスケットを通過した場合はバイオレーションとなる。ただし、完全に通過しなければそのままゲームが続けられる。また、故意に自チームのバスケットにゴールした場合はバイオレーションとなる。

得点の種類

フリースローシューターはボールがリングに触れるまではフリースローラインや指定位置を越えた床に触れてはいけない。

スリーポイントエリアからのゴールは3点であるが、ラインを踏むとスリーポイントエリアからとみなされず、2得点となる。

JUDGE
得点の種類に応じた合図を示す

　ゴールとなり得点が認められると、点数に応じた合図が示される。1点、2点、3点の得点と3ポイントシュートの試投があったときの4種類が使い分けられる（P36）。

2 ゲームの流れ

ルール 11 タイムアウトの方法

タイムアウトが認められるときは決められている。審判が笛を鳴らして合図をした瞬間にタイムアウトは始まる。

CHECK POINT

1 前半2回、後半3回、各オーバータイムに1回タイムアウトをとることができる。

2 タイムアウトは最後のフリースロー及び、相手チームのシュート成功後かボールがデッドの場合に認められる。（1回1分間）。

3 コーチかアシスタント・コーチのみタイムアウトを請求でき、選手自身は請求することができない。

4 第4クォーター残り2分を切ってから3回とることはできない。また、「シュートが入ったらタイムアウト」という条件付きの請求はできない。

決まったタイミングでタイムアウト請求

　タイムアウトはコーチまたはアシスタント・コーチだけが請求でき、1回1分の休止時間を前半に2回、後半に3回、各オーバータイムに1回とることができる。使わなかったタイムアウトは持ち越すことはできない。認められるタイミングは相手がフィールドゴールを決めた後か最後のフリースローが成功した後などボールデッドのときに限る。タイムアウトは審判が笛を鳴らし合図した瞬間に始まり、再度笛を鳴らし両チームにコートへ戻るよう促したとき終了。第4クォーター残り2分を切ってから、バックコートでスローインするチームのタイムアウトの後、フロントコートのスローインラインからか、そのままバックコートからか、再開場所を選べる。

コーチが手でTの字をつくってタイムアウトを請求する。

タイムアウトの間は、戦術の確認やゲーム内容の指示なども行われる。ゲーム展開の流れが変わる重要な時間となる。

JUDGE
指を片方の手のひらにあてて Tの字を作るとタイムアウト

　フィールドゴール後やボールデッドのとき、テーブルオフィシャルに近い審判が指を片方の手のひらにあてる動作をしたら、タイムアウトが認められたことになる。

2 ゲームの流れ

ルール 12 プレイヤーの交代方法

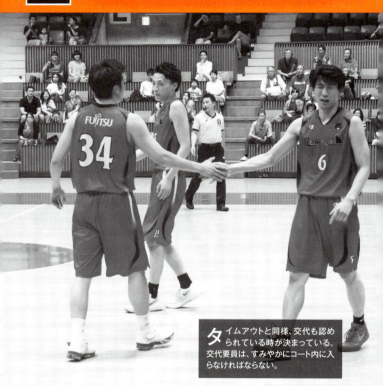

タイムアウトと同様、交代も認められている時が決まっている。交代要員は、すみやかにコート内に入らなければならない。

CHECK POINT

1 交代要員が自らスコアラーに交代の合図をして申し出る。

2 笛が鳴り、時計が止まっているときまたは最後のフリースローが成功したときは、交代が認められる。

3 交代はできるだけすみやかに行う。

交代はプレイヤー自ら申し出て
審判の指示を仰ぐ

　交代は、交代要員自らがスコアラーに交代の合図をして申し出る。その後、審判が笛を鳴らし交代の合図をしたら、すみやかに交代する。交代が認められるのは、ボールデッドおよび最後のフリースロー成功後のとき。第4クォーターとオーバータイムの最後の2分間でゴールが成功した場合は、相手チームのゴール後か、ゴールが成功した相手チームがタイムアウト、交代が認められたときに限り交代可能だ。

コートに入るのを待つ交代要員は、審判が交代の合図をするまで、ラインの外で交代席に座って待たなければならない。

JUDGE
交代の合図は両腕を交差させたあと
片手で交代要員を招き入れる

　スコアラーの合図後、審判が笛を吹きながら両腕を交差させ、片手で交代要員を招き入れる動作を行えば、プレイヤーの交代は認められる。

COLUMN ● ルールこぼれ話2

背番号について

1961年、FIBA（国際バスケットボール連盟）の国際ルールでは、バスケットボールプレイヤーの背番号は、登録人数が12名であるため4〜15番と決められた。1〜3番が使われていない理由としては、審判がオフィシャルにファウルしたプレイヤーの番号を示す際に、シュートの得点やフリースローの本数、3秒ルールなどと混同しないためであった。現在では0、00及び1〜99番までの番号の使用が認められている。NBAでは0〜55番が使用可能。リーグに申請すれば56番以降も使用でき、デニス・ロッドマンは91番をつけていた。その他の団体でも独自のルールで使える番号を決めている。ちなみに、NBAで3番をつけていた有名なアレン・アイバーソン選手は、当時の国際ルールは4番からであったため、2004年アテネオリンピックの試合で4番をつけた。また、2016年リオオリンピックではスペインのリッキー・ルビオ選手が79番をつけた。

背番号は国際ルールでは4から15番と規定されていたが、現在では0、00も含め1〜99番までが使用可能となった。

PART 3

バイオレーション

円滑なゲーム進行のために、
エリアや時間について様々な規定が定められている。
違反事項を確認して、スムーズなプレーをしよう。

3 バイオレーション

ルール01 バスケットボールのルール

ゲームは、展開がスピーディーで接触も多い。攻守が公平にプレーできるように、様々な要素からルールが規定されている。

CHECK POINT

1. バスケットボールのルールは、大きく分けるとバイオレーションとファウルという要素から成り立っている。

2. 規則に違反すると内容に応じた罰則が適用され、ファウルの場合はその種類と数がスコアに記録される。

3. 円滑にプレーが行われるために、ルールの公正な運用を審判が見極め、必要に応じてプレイヤーに判定を下す。

ゲームがスムーズに展開できるように様々な規定が定められている

　ルールは主にバイオレーションとファウルの2種類で構成される。バイオレーションはエリアやボールの扱い方、制限時間などに関し、ファウルは接触プレーやスポーツ精神に反する行為かどうかを規定。規則に違反すると内容に応じた罰則が与えられ、ファウルは種類と数がスコアに記載される。対戦する両チームが公正なゲームを行うため、ルールに沿ったプレーかどうか、審判が常に判断している。

バスケットボールのルール体系図

バスケットボールのルール

バイオレーション

時間に関する規則
- 3秒ルール（P94）
- 5秒の制限（P96）
- 8秒ルール（P100）
- 24秒ルール（P98）

プレーやエリアに関する規則
- 試合時間の停止と続行（P58）
- ボールの状態（P60）
- アウト・オブ・バウンズ（P63）
- バックコート（P102）

ボールの扱いに関する規則
- ダブルドリブル（P84）
- トラベリング（P88）
- ゴール・テンディング（P110）
- インターフェア（P112）

ファウル

選手同士の接触に関する規則（パーソナル・ファウル）
- チャージング（P132）
- ブロッキング（P136）
- イリーガル・ユース・オブ・ハンズ（P138）
- ホールディング（P142）
- プッシング（P144）
- イリーガル・スクリーン（P150）

スポーツ精神に関する規則
- アンスポーツマンライク・ファウル（P160）
  ※ルールの扱いはパーソナル・ファウル
- テクニカル・ファウル（P162）
- ディスクォリファイング・ファウル（P166）
- ファイティング（P167）

3 バイオレーション

ルール 02 バイオレーションとは

動かしてはいけない足を動かすトラベリングなど、身体接触やスポーツ精神に反するものを含まない規則違反はバイオレーション。

※ドリブルを始めるとき、ボールが手を触れる前に軸足(ピボットフット)が床から離れるのは違反。

CHECK POINT

1. バイオレーションはゲーム中のプレーや、時間、エリアなどに関する違反のこと。
2. プレイヤー同士の体が接触する違反はファウルとなり、バイオレーションとは区別される。
3. バイオレーションを宣せられた場合、原則として相手のスローインでゲームが再開する。

ゲームの時間やエリアなどの規定違反を
バイオレーションと呼ぶ

　規則違反のうち、身体接触やスポーツマンらしくない振るまいを含まないものを、バイオレーションという。その種類には時間やプレー内容、エリア、ボールの扱い方を規定するものがある。プレイヤーは早いゲーム展開の中で、常に規定に反しないようにしなければならない。審判によりバイオレーションと判断されると笛が鳴り、時計が止まって、規定に違反した相手チームのスローインでゲームが再開される。

▍ボールに関して

ダブル・ドリブルやトラベリングなどボールの扱い方を誤ると、規則違反になる。

▍エリアに関して

ボールを持っているプレイヤーがラインを踏んだり越えたりすると、エリアに関する規則違反となる。

3 バイオレーション

ルール 03 ドリブル

ドリブルは、バスケットボールにおいて、ボールを持っているプレーの一番基本となる動き。ドリブルやパスでゴールを攻める。

CHECK POINT

1 ドリブルはボールを投げる、叩く、転がすなど床に触れさせ他のプレイヤーが触れる前に再度ボールに触れること。

2 両手が同時に触れたり、片手で支え持ったときにドリブルは終了し、再度ドリブルすることはできない。

3 ファンブルとはプレイヤーがボールのコントロールを誤って失い、再びそのボールをコントロールしたときのこと。

ボールを弾ませ、自身で再度触れることをドリブルと定義

　ドリブルとは、ボールを投げたり叩いたりして、床やバックボードに弾ませ、他の選手が触れないうちにもう一度自身がボールに触れることをいう。ボールが手に触れていない間は、何歩でも歩くことができる。ドリブルはボールを床に弾ませて開始となり、両手や片手でボールを持つとその時点で終了。ファンブルは、ボールを取り損ねることを意味し、ドリブルではないのでボールを拾いあげた後ドリブルしてもイリーガル・ドリブルにならない。ただしドリブルを終えたとき、ファンブルしてボールを拾いあげた後はドリブルできない。

支え持ちながらのドリブルは違反

写真のようにボールを支え持ちながらのドリブルは、イリーガル・ドリブル。

誤ってボールを取り損ねる

最初に誤ってボールを取り損ねた場合には、ファンブルと定義され、再度ドリブルすることができる。

JUDGE
ボールを支え持つイリーガル・ドリブル

　イリーガル・ドリブルの中でも、ボールを支え持ってからドリブルをしたときに判定されるバイオレーションの合図。手のひらを上に向け、水平に振りながら下に向ける動作をくり返す。

3 バイオレーション

ダブルドリブル(イリーガル・ドリブル)

ドリブル終了後、防御側に叩き出されたボールが床に転がり、そのボールを拾って再びドリブルしてもダブルドリブルにあたらない。

CHECK POINT

1. 一度ドリブルが終わると、その後再びドリブルすることはできない。

2. ドリブル後のシュートやパスの後、相手にボールを叩き出された後は再度ドリブル可能。

3. ドリブル中にボールを支え持ち、その後またドリブルを続けることもダブルドリブルとなる。

ドリブルを一度終了した後
再びドリブルできない

　ドリブルはボールを両手で同時に触れるか片手または両手で支え持つと終了となるが、一度終了した後に再度ドリブルをするとダブルドリブルとなる。シュートを打つ、相手にボールを叩き出されるなど他のプレイヤーが触れたら、一旦ボールコントロールを失ったとみなされ、再度ドリブルすることができる。ドリブル終了後にファンブルしたボールを拾いあげた後は、再びドリブルすることはできない。

両手でのドリブル

両手でドリブルしたらバイオレーションになる。

バックボードにボールを弾ませてもドリブルにはならない

ボールをバックボードに当て、他のプレイヤーが触る前に再び触ってもドリブルにはならないので、この後新たにドリブルをしても良い。

JUDGE
両手をドリブルのように上下に動かすのがダブルドリブル

　審判が、ゲームを止め、体の前で両手でドリブルするような動きをしたら、イリーガル・ドリブルのバイオレーション。相手チームのスローインでゲームが再開する。

3 バイオレーション

ルール 05 ピボットとピボットフット

片足を固定したまま、もう一方の足を動かし、体の向きを変えたりフェイントをかける等の目的で動くことができる。これをピボットと呼ぶ。

CHECK POINT

1 ボールを持ったプレイヤーが片方の足を軸足とし、もう一方の足を何度でもどの方向に踏み出すことをピボットという。

2 ピボットフットとはボールを持って止まったときに、床に着けて動かさない方の軸足を指す。

3 ピボットをしているとき、ピボットフットが動いたりずれたりした場合は、トラベリングとなる。

軸足（ピボットフット）を動かさず
もう一方の足を踏み出す

　ゲーム中に、ボールを持って止まったときに、片足を軸足として、もう一方の足を踏み出すことをピボットという。また、軸足をピボットフットと呼ぶ。ピボットフットでない足は、何度でも、任意の方向へ踏み出すことができる。ただし、ピボットフットが動いたり、ずれたりすると、トラベリングのバイオレーションとなり、相手ボールとなる。

ピボットができる止まり方

空中でボールをキャッチし両足同時に止まった状態

両足が床に着いている、またはジャンプし両足で着地した場合は、どちらの足もピボットフットにできる。

空中でボールをキャッチし片足が先に床に着きもう一方が離れている状態

先に床に着いていた足をピボットフットとすることにより、ピボットすることができる。

ルール06 トラベリング①

空中でボールをキャッチしてから3歩以上歩くとトラベリングになるので、2歩以内の範囲でシュートもしくはパスを行えば違反にならない。

1歩　　2歩

CHECK POINT

1. 空中でボールを保持してから、パス・シュートをせずに、3歩以上歩くとトラベリングとなる。
2. 空中でボールを受け取った時、最初に床に着いた足を1歩目と数える。
3. 動きながら足が床に着いた状態でボールを持った場合は、その足は1歩目とは数えない。

トラベリングはボールを持ったまま
ドリブルせずに3歩以上歩くこと

　ボールを保持しているプレイヤーが3歩以上歩く違反はトラベリング。ジャンプして空中でボールを受け取った場合には先に着地した足、両足が着いた状態では足を踏み出さなかった足が一歩目とカウントされるため、カウント間違いには注意したい。動きながら足が床に着いた状態でボールを持った場合は、床に着いている足は1歩目と数えず（ゼロステップの運用）、次のステップを1歩目として2歩までステップを踏める。

トラベリング例

空中でボールを保持して右足で1歩目、左足で2歩目、さらに右足で3歩目となっているので、3歩目が床に着いた時点でトラベリングが成立する。

JUDGE
両手を握り、その手を前後に回転させるのがトラベリングの合図

　審判がゲームを止め、両手を握り、数回回転させるとトラベリングのバイオレーション。相手チームのスローインでゲームが再開する。

3 バイオレーション

ルール 07 トラベリング②

ピボットからのステップを踏んでのシュートの場合、ピボットフットが床から離れても構わないが、もう一方の足が床についてないとトラベリング。

CHECK POINT

1 ボールを持ってジャンプした場合、どちらかの足が床に着く前にボールを離さなければならない。

2 ボールを保持して2歩目の足が床に着いている場合、3歩目の足が着く前にボールを手離さなければならない。

3 動きながら足が床に着いている状態でボールを保持した場合、その足は0歩目となり、その後2歩までステップができる。

シュートやパスでピボットフットは動かせる

　ピボットの状態からステップし、シュートやパスを行う場合、ピボットフットは床から離れてもトラベリングにはならないが、もう片方の足が床に着いていること。両足が床から離れたステップはジャンプと見なされトラベリングとなる。ピボットフットが床から離れた後、もう一方の足が床から離れてもよいが、パスやシュートを行う場合、次に床に足が着くまでにボールを離さなければ、トラベリング。動きながら足が床に着いている時、ドリブルを終えたり、パスをキャッチした場合、その足は0歩目となり、あと2歩までステップが可能（ゼロステップの運用）。

シュートやパスの体勢をとりステップを正しく踏めばトラベリングにならない

ピボットフットを軸足としてステップをする。

軸足が床に着いている間に、反対の足を床に着ける。

その後軸足が床から離れ、反対の足も床から離れている間にボールを手から離せばトラベリングにならない。

ピボットフットが床から離れても良いが、もう一方の足も床から離れてしまうとトラベリング

ピボットフットを軸足として、もう一方の足を動かす。

もう一方の足が床に着く前にピボットフットが床から離れる。（両足が空中にある状態）

どちらかの足が床に着いた時点でトラベリングになる。

3 バイオレーション

ルール08 トラベリング③

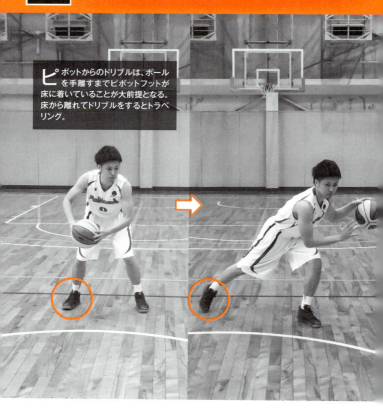

ピボットからのドリブルは、ボールを手離すまでピボットフットが床に着いていることが大前提となる。床から離れてドリブルをするとトラベリング。

CHECK POINT

1 ピボット後にドリブルする場合は、ピボットフットが床に着いている間にボールを手離さなければならない。

2 ボールを持ってジャンプしたプレイヤーはドリブルできない。

3 ピボットができない止まり方をしたとき、ドリブルをするには、両足が床についている間にボールを離す。

ピボットからドリブルをする場合には、床からピボットフットが離れる前に開始

　ピボットの後にドリブルをする場合には、ピボットフットが床から離れる前に、ボールを手から離し、ドリブルを開始する。ピボット後のみならず、基本的に両足が着いている状態からもドリブルを開始することができるが、ピボットフットを決めた後にはその足が床から離れる前にボールを手から離すことがポイントだ。また、空中でボールを受け取り、片足で着地、その後、両足を床につけてしまうと、その後はピボットすることはできない。

▎ピボットができない止まり方

ジャンプしてボールを空中で受け取り、片足で着地し、その場で踏み切ってから両足同時に着地するとピボットはできない。ただし両足が床に着いている間にボールを手から離せばドリブルはできる。

3 バイオレーション

ルール09 3秒ルール

3秒ルールはライブのボールをフロントコートでコントロールしているチームのみに適用される。

CHECK POINT

1 制限区域とは、エンドライン・フリースローライン・その2つを結んだ2本のラインで囲んだ区域を指す。

2 ボールがフロントコートにあり、ゲームクロックが動いているとき、相手チームの制限区域内に3秒以上とどまってはいけない。

3 ただし、シュート動作中であれば、ボールが手から離れたか、離れようとしているときは3秒以上経過してもバイオレーションとみなされない。

制限区域内に3秒以上いると3秒ルールをとられる

フロントコート内で、ボールをコントロールしているチームのプレイヤーは、相手の制限区域内に3秒以上とどまってはいけない。これを、3秒ルールという。制限区域内とは、エンドラインとフリースローライン、エンドラインの中央から左右2.45mの点とフリースローラインを結んだ2本のラインで囲われた長方形の区域。プレイヤーは、制限区域外に両足を着けなければ、制限区域外を出たことにはならない。

両足が完全に制限区域から出ている

片足が制限区域にある

プレイヤーは、両足ともに制限区域外に足を着けていれば3秒ルール適用とならない。片足が制限区域外に着いていても、もう片方の足が制限区域内の床や空間にあると、3秒ルール適用となる。

JUDGE
腕を前に出し、3本の指を出す動作は、3秒ルールを表す

審判がゲームを止め、腕を前方に出し、親指、人差し指、中指の3本を出すのが、3秒ルールのバイオレーション。相手チームのスローインでゲームが再開する。

3 バイオレーション

ルール10　5秒の制限

5秒の制限には3項目の規定があり、いずれも5秒以内にプレーすることに関する制限である。

CHECK POINT

1 スローインを行う場合には、5秒以内にボールを手離さなければならない。

2 フリースローを行う場合には、ボールを審判から与えられて5秒以内にバスケットに向けて投げなければならない。

3 1m以内の距離で相手に積極的に防御されているプレイヤーは5秒以内にパスかドリブル、シュートをしなければならない。

スローイン、フリースローは
5秒以内に行う

　コート外からのスローインは、審判からボールを受け取ってから5秒以内に行わなければならない。フリースローを行う場合にも、審判にボールを与えられてから5秒以内にスローしなければならない。さらにコート内でボールをコントロールしているプレイヤーは、1mよりも近い距離で激しい防御を受けた場合、5秒以内にパスやドリブル、シュートをしなければならない。いずれも違反するとバイオレーション。

ボールを手渡されたら 5秒以内に投げる

スローインやフリースローでは、審判からボールを手渡されたら5秒以内に手離す。

接近した防御をされたら 5秒以内にボールを動かす

至近距離の防御を受けボールを持ち続けても、5秒以内にパスかドリブル、シュートをしなければならない。

JUDGE
顔の高さで片手を広げるのが 5秒ルールの合図

　審判がゲームを止め、5本の指を広げると、5秒ルールのバイオレーションの合図。相手チームのスローインでゲームが再開する。

3 バイオレーション

ルール 11 24秒ルール

24秒ルールは、「ショット・クロック」という専用の時計によって計られる。誰からも見やすい規定の場所に設置される。

CHECK POINT

1. ライブのボールをコート内でコントロールした場合には、24秒以内にシュートを行わなければならない。

2. シュートしたボールが空中にありショット・クロックの合図が鳴った場合、ゴールするかボールがリングに当たれば試合続行。

3. 24秒以内にシュートを行わないと、バイオレーションとなり、相手チームのスローインでゲーム再開。リングに当たった後、引き続き攻撃側がボールをコントロールした場合は14秒から、防御側がコントロールした場合は24秒から計りなおす。

プレイヤーは24秒以内に
シュートを打たなければならない

　ライブのボールをコート内でコントロールしたチームは、24秒以内にシュートを行わなければならない。これを24秒ルールと呼ぶ。シュートを行い、ボールが空中にある状態で24秒の合図が鳴った場合には、そのボールがゴールに入るか、不成功でもリングに当たれば、そのまま試合は続行される。ただし、リングに当たらずゴールも不成功の場合には、バイオレーションが宣告される。シュートがリングに当たった後、攻撃側が引き続きボールをコントロールした場合、ショット・クロックは、14秒からスタートとなる。

合図が鳴る前に
シュートする

24秒の合図が鳴る前にシュートをすれば、バイオレーションにはならない。

シュートがリングに
当たらない

ボールが空中にある間にショットクロックのブザーが鳴り、そのボールがリングに当たらなければバイオレーションとなる。

JUDGE
24秒ルールの合図は
腕を曲げて指で肩に触れる

　審判がゲームを止め、腕を写真のように曲げて指で肩に触れると、24秒ルールのバイオレーションの合図。相手チームのスローインでゲームが再開する。

3 バイオレーション

ルール12 8秒ルール

- バックコート
- センターライン
- 攻撃方向
- フロントコート

バックコートでボールをコントロールした場合、8秒以内にボールをフロントコートへ進めなければならない。

CHECK POINT

1 自分のチームのバックコートでボールをコントロールした場合、8秒以内にフロントコートに運ばなければならない。

2 ドリブルをしているとき以外で、ボールが攻撃側チームのフロントコートに触れると、フロントコートへボールを進めたこととして定義される。

3 センターラインをまたいでドリブルを続けている場合はバックコートにいると判断される。

8秒以内にフロントコートに
ボールを進めなければいけない

　フロントコートとは、自分が攻めるゴールの後ろのエンドラインからセンターラインの内側までを指す。反対に、バックコートは、自分のチームのゴールのエンドラインからセンターラインを指す。（ライン上も含む）。プレイヤーは、バックコート内でボールをコントロールした際に、8秒以内にフロントコートまでボールを進めなければならない。

※ボールを持っているプレイヤーの両足が完全にフロントコートに触れると、ボールをフロントコートへ進めたことになる。ドリブルをしている場合は、両足とボールが完全にフロントコートに触れないとフロントコートに進めたことにはならない。

片足をフロントコートに触れた防御側がボールに触れる

片足がフロントコートに触れている防御側プレイヤーがボールに触れると、フロントコートにボールを進めたことになる。フロントコートに触れている審判にボールが当たったときも進めたことになる。

両足を完全に床に触れた攻撃側がボールに触れる

両足が完全にフロントコートに触れている攻撃側プレイヤーがボールに触れると、フロントコートにボールを進めたことになる。

JUDGE
両手を使い顔の前で8本の指を出すのが8秒ルールの合図

　審判がゲームを止め、顔の前で8の数字を示す（右手で5、左手で3）のが8秒ルールの合図。相手チームのスローインでゲームが再開する。

3 バイオレーション

ルール 13 バックコート バイオレーション①

一度フロントコートに進めたボールを、パスなどをしてバックコートへ戻してしまうとバイオレーションとなる。

バックコート

センターライン

攻撃方向

フロントコート

CHECK POINT

1 一度フロントコートにすすめたボールをバックコートに返すことはできない。

2 フロントコートでボールをコントロールしていたチームのプレイヤーが、最後に触れてバックコートに戻ったボールを同じチームのプレイヤーが最初に触れると違反になる。

3 プレイヤーがフロントコート内で踏み切り、空中で新たにボールをコントロールしてバックコートに着地しても違反ではない。

ボールをバックコートに返すと
バイオレーション

　フロントコート内でコントロールされているボールは、バックコートに返せない。フロントコートでボールをコントロールしていたチームが、最後に触れたボールが、バックコートに戻り、そのチームのプレイヤーがバックコートで最初に触れるか、バックコート内に触れたボールを最初に触れるとバイオレーションとなる。ただし相手チームがコントロールしていたが、どちらのチームもコントロールしていないボールをフロントコートで踏み切り、空中で新たにボールをコントロールした場合は、着地がバックコートであっても、バイオレーションにならない。

パスによるバックコートの
バイオレーション例

フロントコートにボールを進めていたが、相手防御の動きにより、バックコートにいる味方にしかボールが出せない状態となり、パスをする。

バックコートにいる味方がボールをキャッチすると、バイオレーションとなるが、相手チームのプレイヤーが一度触ったボールを、フロントコートからジャンプしてキャッチし、バックコートに着地しても新たにコントロールしたことにより、バイオレーションにならない。

JUDGE
バックコートのバイオレーションの合図は
フロントコートとバックコートを交互に示す

　審判がゲームを止め、フロントコートとバックコートを交互に人差し指で差し示す動作を行ったら、ボールをバックコートに返すバイオレーション。スローインでゲームが再開。

3 バイオレーション

ルール 14 バックコートバイオレーション②

サイドライン

バックコート

センターライン

フロントコート

フロントコートのアウトからのスローインにもバックコートバイオレーションは適用される。

CHECK POINT

1 スローインのときやジャンプボールの後もフロントコートからバックコートへボールを返すと、バイオレーションとなる。

2 第2、3、4クォーター開始のセンターラインのアウトからのスローインは、バックコートへのスローインも可。

3 ジャンプボールでは、フロントコートからジャンプし空中でタップされたボールをキャッチして、バックコートに着地することは可能。

スローインやジャンプボールでも
バックコートの違反は適用される

　フロントコートからバックコートのプレイヤーへのスローインも、バックコートバイオレーションは適用されるが、第2クォーター以降の開始のスローインやフリースロー後、センターラインのアウト・オブ・バウンズからのスローインには適用されない。ジャンプボールでタップされたボールはどちらもコントロールしていないので、フロントコートでジャンプし空中でボールを受けバックコートに着地するのは可能。

ジャンプボールの場合も、タップされたボールをフロントコートでキャッチしたプレイヤーがバックコートの味方にパスをするとバイオレーションとなる。ただし、タップされたボールをフロントコートからジャンプし空中でボールをキャッチし、バックコートに着地しても新たにボールコントロールしたことになりバイオレーションにはならない。

3 バイオレーション

ルール 15 ヘルドボール

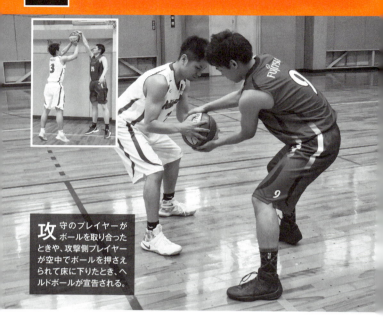

攻 守のプレイヤーがボールを取り合ったときや、攻撃側プレイヤーが空中でボールを押さえられて床に下りたとき、ヘルドボールが宣告される。

双方がボールに手をかけ、膠着した状況

　両チーム2人以上のプレイヤーが、ボールに片手または両手をかけ、乱暴にしなければ、互いにボールを独占できない場合、審判はヘルドボールを宣しジャンプボール・シチュエーションでゲーム再開。ヘルドボールの他にもバスケットとボードの間にボールが挟まるなど、双方どちらのボールか判別できないような状況についても該当し、どちらかのボールかは、オルタネイティング・ポゼッションルールにより決まる。また、ボールを持ったプレイヤーがジャンプしたとき、防御側プレイヤーにボールを押さえられて、床に着地した場合もヘルドボールとなる。

ルール 16 ジャンプボール

ジャンパーはトスアップされたボールをつかんだり、タップされる前に定位置を離れると違反とされ、相手側スローインとなる。

第1クォーター開始時のトスアップを
ジャンプボールと呼ぶ

　第1クォーターを始めるとき、両方のチームから任意のジャンパー1名がそれぞれセンターサークル内に入り、審判が向かい合った両者の間にボールをトスアップしゲーム開始する方法を、ジャンプボールと呼ぶ。その際、ジャンパーが最高点に達する前のトスボールにタップしたり、または、サークル外のプレイヤーがタップ前にサークル内へ進入したなどの場合、審判からバイオレーションが宣告される。

3 バイオレーション

ルール17 オルタネイティング・ポゼッションルール

表 示器具の赤色の矢印(ポゼッションアロー)の向きは、スローインが与えられるチームの攻撃方向を示す。表と裏で矢印の向きが変わる。

CHECK POINT

1 不必要なゲーム時間の短縮を目的としており、スローインでのゲーム再開を規定したルール。

2 ヘルドボールやボールがリングにはさまるなど、ジャンプボール・シチュエーションとよばれる状況で適用される。

3 スローインの権利は、両チーム交互に与えられる。

両チーム交互のスローイン再開を
オルタネイティング・ポゼッションと呼ぶ

　ジャンプボールでゲーム再開をしていた従来の処置を見直し、ゲーム時間を短縮する目的で導入された、スローインでのゲーム再開方法を、オルタネイティング・ポゼッションルールという。このルール下では、ジャンプボール・シチュエーションになるごとに、両チームが交互にスローインの権利を手にすることができる。

■ ジャンプボール・シチュエーション例

- 第1クォーター以外のクォーターと各オーバータイムを始めるとき。
- 2人以上のプレイヤーがボールを奪い合い、ヘルドボールとなった場合。
- ボールを持ったプレイヤーがジャンプしたとき、防御側プレイヤーにボールを押さえられて着地した場合（ヘルドボール）。
- バスケットとボードの間、リングにボールが挟まった場合。（右写真参照）
- 両チームのプレイヤーが同時にボールに触れたままラインを越え、アウト・オブ・バウンズになったり、誰が最後に触れたのか審判の判断が一致しないとき。
- 両チームのプレイヤーが同時にバイオレーションを宣せられた場合。
- 両チームがボールコントロールしてないときにダブル・ファウルが宣られたとき。

JUDGE
スローインを両チームが交互に行う
オルタネイティング・ポゼッション

　審判は次に攻撃側が攻める方向を指さす。スローインの順番は、テーブルオフィシャル席に赤い矢印で示される。

3 バイオレーション

ルール 18 ゴール・テンディング

シュート後、落ち始めたボール全体がリングより高い位置にある場合、どちらのプレイヤーも触れてはいけない。

CHECK POINT

1 防御側のプレイヤーが、リングより高い位置にある落下中のシュートのボールに触れてしまった場合、相手の得点。

2 攻撃側のプレイヤーが触れてしまった場合には、相手チームのスローインとなる。

3 審判により、シュートではなくパスと判断されたボールの場合は、リングより高い位置でも触れることができる。

シュートのボールが落ち始めてリングより高い位置の場合ボールに触れてはいけない

　落下中のシュートのボール（バックボードに当たったシュートも同様）全体がリングより高いところにあるとき、プレイヤーがボールに触れることをゴール・テンディングと呼び、バイオレーションとなる。防御側のプレイヤーがボールに触れた場合は、シュートがバスケットに入る入らないに関わらず、そのシュートの本来の得点が与えられ、攻撃側のプレイヤーが触れた場合は、相手チームにフリースローライン延長上のアウトからのスローインが与えられる。

※ボールがリングに当たるかシュートがバスケットに入らないことが明らかになると、この制限は終わる。

ボールが落ち始めているか、リングより高い位置にあるかでバイオレーションの判断が決まる

バックボードに触れたボール全体がボールリングより上にある場合、防御側、攻撃側のプレイヤー問わずボールに触れてはいけない。

バックボードに触れた後でもボール全体がボールリングより上にない場合、攻守のプレイヤーを問わずボールに触れても良い。

3 バイオレーション

ルール 19 インターフェア

攻 守どちらのプレイヤーも、ボール全体がリングより高い位置にあるとき、またはリングの上にのっているときバスケットの下から手を入れてボールに触れるとインターフェアのバイオレーションとなる。

CHECK POINT

1 防御側は得点阻止のため、攻撃側はゴールさせるために、バスケットやリング、ボードに不当に触ってはならない。

2 防御側の違反ではゴール不成功でも得点、攻撃側の違反では得点が認められず、いずれも相手のスローインで再開。

3 罰則はゴール・ティンディングと同じ。

バスケットリングやボードに触れての
シュート妨害や操作をインターフェアと呼ぶ

シュートのボールがリングより上の位置で弾んでいる、またはリングの上にのっているとき、バスケットやバックボードに触れ、防御側がゴール成功を妨げたり、攻撃側がゴールを成功させようとする反則をインターフェアという。またリングより上の位置にあるボールにバスケットの下から手を入れてボールに触れた場合にも適用される。攻撃側が触れた場合、相手にボールが与えられ、防御側が触れた場合、相手チームの得点になる。

▌ネットをつかむ

ネットをつかんでシュートを妨げてはならない。

▌バックボードに触れる

バックボードを叩いたり振動させたりしてシュートを妨げてはいけない。

※ただし、上記行為によって、シュートが妨げられたかどうかは、審判の判断である。

3 バイオレーション

ルール20 フリースロー

シューターは規定の半円エリア内であれば、どこからでもどんな投げ方でもシュートをすることができる。

CHECK POINT

1 フリースローは1本が成功すれば1得点与えられる。

2 パーソナル・ファウルをされたプレイヤーがフリースローシューターとなり、テクニカル・ファウルの場合はコーチが指名。

3 プレイヤーは、審判からボールを渡されてから、5秒以内に投げなければならない。

フリースローはフリースローライン後ろの半円内から妨げられることなく行うシュート

　ファウルされたプレイヤーは、フリースローラインの後ろの半円内から誰にも妨げられずにシュートを行え、成功すると1得点。パーソナル・ファウルの場合、ファウルされたプレイヤーがフリースローを行い、テクニカル・ファウルではフリースローシューターをコーチが指名。フリースローの数は、状況によって1本から3本の範囲で与えられ、審判にボールを渡されてから5秒以内にスローしなければならない。

▌ フリースローの並び

フリースローが行われるときには、プレイヤーは決まった位置を占める。シューターはフリースローの半円内。シューターと同じチームのプレイヤーは、2人まで、相手側は3人までがゴールのそばで位置。残りのプレイヤーはフリースローラインの延長より後方で、スリーポイントエリア外にいなければならない。

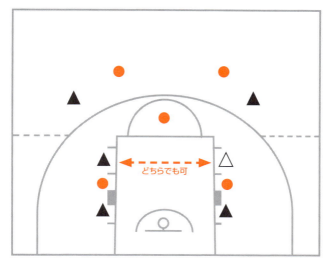

3 バイオレーション

ルール21 フリースローのバイオレーション

ゴールの成否に関わらず、フリースロー終了となるまで、プレイヤーは規定のタイミングより前に定位置を動くことはできない。

CHECK POINT

1 ボールがバスケットに入るかリングに触れるまではシューターはラインを踏んだり越えたりしてはいけない。

2 シューターが5秒超えてのシュートやフェイクなど規定違反をすると、ゴールが成功しても得点はカウントされない。

3 シューター以外の違反が起こっても、ゴールが成功した場合は得点は認められる。

シューターがバイオレーションをした場合 ゴールしても無得点扱いとなる

　シューターがフリースローラインを踏むなどのバイオレーションをした場合、ゴールしても無得点扱いとなる。ただし、両チームのプレイヤーに違反があっても、シューターが違反しなければ、ゴールの得点は認められる。相手チーム一方だけが違反した場合は、ゴールに失敗しても、再度フリースローのチャンスが与えられる。味方チームのプレイヤーに違反があり、更にゴールできなかった場合は、相手チームにスローインが与えられる。

制限区域に入ると違反

リバウンドの位置を占めているプレイヤーはシューターの打つボールが手から離れるまでは、制限区域に入ったり定位置から離れたりしてはいけない。

シューターの足について

シュートを打つときはラインを踏んだり越えてはいけない。必ずラインよりも手前からシュートを行う。

JUDGE
フリースロー時、プレイヤーに違反が認められた場合

　審判は規則違反を笛を吹いて表わし、どのプレイヤーのバイオレーションがあったかを示す。シュートの有効・無効、再度フリースローをさせるか、スローインで始めるかといったゲーム再開方法を表す。

COLUMN ● ルールこぼれ話3

得点の種類について

バスケットボールはフリースローで1点、2ポイントエリアからの得点は2点、3ポイントエリアからの得点は3点と種類がわかれている。もともとは同じ1得点であったが、ファウルの罰則として与えられ、誰にも妨害を受けずにシュートができるフリースローと、通常のシュートが同じ得点では攻撃側に有利な部分がある。この不公平さを正すために1点と2点の得点差をつけたといわれている。さらに、1985年には、FIBA(国際バスケットボール連盟)のルール改正により、3ポイントエリアからのゴールは3点となることが決められた。より遠くからのシュートとなるため、成功率は低くなるが、その分リバウンドの数が増える。このことによりリバウンドのボールに対し、攻撃側は確実にシュートを決めようとし、防御側は自チームのボールにしようと攻守によるボールの奪い合いが行われ、ゴール下の白熱したプレーが増えた。シュートを放つ距離によって得点に差があることで、さらに展開が面白いゲーム性の高まるスポーツとなった。2010年から3ポイントエリアはさらにリングから50cm遠くなったが、リングの内径45cmは、1890年代にアメリカで考案された当初から変わっていない。

バスケットボールはシュートを打ったエリアによって得点が1、2、3点と変わる。

PART 4

パーソナル・ファウル

相手と至近距離でのポジション争いは、
白熱し過ぎるとプレー続行が難しくなる。
プレー妨害と判定されるポイントをチェックしたい。

4 パーソナル・ファウル

ルール01 ファウルとは

強引に進路をとったり、不当に体の接触を起こすとファウルになる。

CHECK POINT

1. プレイヤーがルールで許されない接触を起こすと、パーソナル・ファウルとなる。
2. スポーツマンシップに反するとみられる態度や行為をすると、テクニカル・ファウルとなる。
3. ファウルを宣告されると、相手チームにスローインまたはフリースローが与えられ、スコアに記録される。

ファウルは不当な体の接触と
スポーツマンらしくない行為

　ファウルとは、定められたルールに違反することのうち、相手チームのプレイヤーとの不当な体の接触に関するファウルと、スポーツマンらしくない行為に関するファウルのことをいう。罰則としてファウルを宣告されたチームの相手チームにスローインまたはフリースローが与えられる。また、クォーターごとに宣せられた1チームのファウルの数が5つを超えると相手にフリースローが与えられる。

ボールを持っている、いないに関わらず、手で押したり体ごとぶつかったりなど、相手の体へ不当に接触するとパーソナル・ファウルとなる。

JUDGE
身体接触のある主なファウルの種類
- ブロッキング　●チャージング　●プッシング　●ホールディング
- イリーガル・ユース・オブ・ハンズ　●イリーガル・スクリーン
- 後方からの不当なガード　●ダブル・ファウル
- アンスポーツマンライク・ファウル
- ディスクォリファイング・ファウル

4 パーソナル・ファウル

ルール02 シリンダー

プレイヤーが、コート上で普通に両足を開いて占めている位置（ノーマル・バスケットボール・ポジション）とその真上の空間をシリンダーという。

CHECK POINT

1. シリンダーの範囲は、前は手を普通にあげたときの手のひらの垂直面で後ろは尻の垂直面、両脇は腕と足の外側の垂直面。

2. 自分のシリンダーの範囲を越えて、相手プレイヤーのシリンダー内で不当に接触を起こすとファウルとなる。

3. 不自然に手や足を広げてもシリンダーは広がらない。

相手プレイヤーのシリンダーを侵して接触を起こすとファウルになる

　プレイヤーが自然に両手を開いて立ったエリアとその真上の空間をシリンダーという。コート上のすべてのプレイヤーは、どこでもシリンダーを占めることができる。自分のシリンダーから外れて、すでに相手プレイヤーが占めているシリンダーに入って不当な身体接触を起こした場合、そのプレイヤーに触れ合いの責任があり、罰則が科されることがある。お互いのシリンダー内での接触はファウルにならない。

シリンダーを侵したファウル

プレイヤーは攻守に関わらず、自分のシリンダーから外れて相手プレイヤーのシリンダーへ不当に体を入れて接触を起こすと、ファウルとなる。

防御側のファウル

ボールコントロールしている相手プレイヤーのシリンダーを無理やり侵して接触を起こした場合は、防御側プレイヤーにファウルが宣告される。

攻撃側のファウル

ボールコントロールしているプレイヤーが、相手プレイヤーのシリンダーを侵して接触を起こした場合は、攻撃側プレイヤーにファウルが宣告される。

4 パーソナル・ファウル

ルール03 リーガル・ガーディングポジション

リーガル・ガーディングポジションとは、相手プレイヤーと向かい合って普通に両足を開いて床に着けた、正当な防御の位置のこと。

CHECK POINT

1 正当な防御の位置にはシリンダーも含まれるので、真上にジャンプしても正当な防御位置を占めていることになる。

2 わざと両足を極端に広げても、正当な防御の位置が広がったことにはならない。

3 防御側が、相手プレイヤーが持っているボールのみに触れ、身体接触が起こらない場合はファウルにならない。

相手プレイヤーに向かって
正当な防御の位置をとる

　防御側が、相手プレイヤーに向かい合って両足を普通に開いて床に着いて占めた正当な防御の位置をリーガル・ガーディングポジションという。両足を開いた間隔は、プレイヤーの身長にもよるが、両足を極端に広げても防御の位置が広がったことにはならない。正当な防御の位置にはシリンダーも含まれるので、上に手を伸ばしたり、真上にジャンプしたりしても正当な防御の位置を占めていることとなる。

防御するポジションの
不当な場合と正当な場合

相手プレイヤーとの接触は、正当な防御の位置を保って行わなければならない。

相手プレイヤーに後方から不当に触れたり、前方から極端に足を広げて接触を起こしてはならない。適度な位置関係を保ち、お互いの空間を維持するポジションであれば正当な防御となる。

4 パーソナル・ファウル

ルール 04 ボールをコントロールしている プレイヤーの防御

ボールをコントロールするプレイヤーは、いつでも防御されることを予測し、体の接触を避ける用意をしていなければならない。

CHECK POINT

1 ボールをコントロールしているプレイヤーを防御しようとするときは、相手の動きの速さや相手との距離に関わらず、防御の位置を占めることができる。

2 防御側プレイヤーに進路を正当な防御の位置で占められたら、攻撃側プレイヤーは止まったり向きを変えたりして体の接触を避けなければならない。

相手プレイヤーより先に
防御の位置を占めることが重要

　ボールをコントロールしているプレイヤーを防御するときは、接触を起こさないように、相手の進路上に先に防御の位置を占めなければならない。正当な防御の位置を占めていれば、真上にジャンプしたり相手の動きと平行に、または後方に動くこともできる。ただし、脇をドリブルで抜けようとするプレイヤーに対して腕を広げたり、体を使って不当な接触を起こして進行を妨げたりしてはならない。

ボールを持ったプレイヤーに対する防御の仕方

ボールをコントロールするプレイヤーに対して、互いの空間を維持して適正な動きをする。

ジャンプして防御もOK

正当な防御の位置には真上の空間も含まれるので、手を上にあげたり真上にジャンプしてもよい。

横に手を伸ばして接触を起こしてはいけない

自分のシリンダーから手を出し接触を起こして、相手プレイヤーの動きを妨げてはいけない。

4 パーソナル・ファウル

ルール05 ボールをコントロールしていないプレイヤーの防御

ボールをコントロールしていないプレイヤーは、ほかのプレイヤーがいなければ、どの場所でも自由に位置を占めることができる。

CHECK POINT

1 ボールをコントロールしていないプレイヤーを防御するときは、相手との距離や速さを十分に考慮して通常の1歩の間隔をとらなければならない。

2 接近することはできるが、自分から体の接触を起こすと防御側のファウルとなる。

相手の速さと距離を考慮して防御の位置を占めなければならない

　ボールをコントロールしていないプレイヤーを防御するときは、相手が動く速さや相手との距離を考えて防御の位置を占めなければならず、その適正な距離は通常の1歩とされている。正当な防御の位置を占めていれば、相手の動きと平行や後方に動くこともできるが、適正な距離をとらなければならない。防御を続けるために相手に接近することはできるが、その際に自分から接触を起こすと防御側のファウル。

ボールを持たないプレイヤーに対する防御の仕方

ボールをコントロールしていないプレイヤーであっても、適正な距離でポジションを占める。

適正な距離をとって防御する

適正な距離をとり、相手の動きを不当に妨げたりしなければ、ファウルにはならない。

横に手を伸ばし相手の動きを妨げてはいけない

手を横に伸ばしたりして、相手プレイヤーの動きを妨げてはいけない。

4 パーソナル・ファウル

ルール06 ジャンプしたプレイヤーについて

プレイヤーはパスやシュートを行う場面などで、コート上でジャンプをした際には、元の位置に着地する権利がある。

CHECK POINT

1 ジャンプしたプレイヤーは、踏み切った場所と別の場所に着地することもできるが、相手プレイヤーの位置を考慮しなければならない。

2 ジャンプしたプレイヤーが踏み切った場所と別の場所に着地したとき、勢い余ってすでに正当に位置を占めていた相手プレイヤーに接触した場合はジャンプしたプレイヤーのファウルとなる。

元の場所以外に着地する場合は相手プレイヤーの位置に注意

ジャンプしたプレイヤーは、踏み切った場所だけでなく別の場所にも着地できる。ただし別の場所に着地するときには、踏み切った時点で着地しようとする場所および踏み切り地点と着地点との間に相手プレイヤーがいない場合に限る。またプレイヤーは、ジャンプした相手プレイヤーの着地しようとするコースに入って接触を起こしてはならない。

※ジャンプしたプレイヤーの着地コースに入り接触を起こす行為は、大変危険であるため、通常アンスポーツマンライク・ファウルや場合によってはディスクオリファイング・ファウルになる。

ファウルとなるジャンプ後の着地

ジャンプした後の着地点が不当なポジション取りであれば、攻守に関わらずファウルとなる。

不当な位置に着地してしまう

ジャンプ後の着地点に相手が不当に入る

ジャンプをした後、すでに正当な位置を占めている相手の場所に着地をしてはいけない。

ジャンプ後、プレイヤーが着地しようとしたところへ、不当に入り込んではいけない。

4 パーソナル・ファウル

ルール07 チャージング

攻 撃側プレイヤーが相手プレイヤーの胴体に無理にぶつかったり、押しのけたりするとチャージングのファウルとなる。

CHECK POINT

1 攻撃側のプレイヤーが先に正当な位置を占めている防御側プレイヤーの胴体に突き当たるとチャージングとなる。

2 攻撃側プレイヤーはボールを持っていても、持っていなくても防御側プレイヤーに体ごとぶつかったり、手で押すなどして無理に進んではいけない。

攻撃側のプレイヤーは
自らの進行方向に注意

　攻撃側のプレイヤーは、ボールをコントロールしているかいないかに関わらず、正当な防御の位置を占めている相手の胴体に無理にぶつかったり、押しのけたりすると、チャージングのファウルとなる。ブロッキングと紙一重のファウルで、攻撃側プレイヤーの進行方向に防御側が入ってくるタイミングがポイントとなり、防御側が先に正当な位置を占めることができていない場合、ブロッキングのファウルとなる。

▍無理に進行してしまう

正当なポジションを取っていた防御プレイヤーに対し、触れ合いを避けようとせず体ごとぶつかり無理に進んでいこうとするとチャージングとなる。

JUDGE
コブシで手のひらを叩いたら
チャージングのファウル

　審判が笛を鳴らしてファウルを宣し、スコアラーに向かって手のひらをコブシで叩く動作をしたらチャージングのファウルの合図。

ルール 08 ノーチャージ・セミサークルエリア

4 パーソナル・ファウル

ノーチャージ・セミサークルエリアでは、得点のために積極的にプレーする攻撃側のプレイヤーに対し、特別な規則が適用される。

ノーチャージ・セミサークル

CHECK POINT

1 ペネトレーションして、ボールを持ったままエリアの外からジャンプすると適用される(シュート・パスをしようとドライブするプレー)。

2 ボールが手から離れる前後、足が床に着く前後の間に防御側のプレイヤーと突き当たった場面で適用される。

3 体の接触が起きたときに、防御側プレイヤーの片足あるいは両足がエリア内またはラインに触れていることが条件。

制限区域内ゴール下のエリアでは
攻撃側に特別なルールが適用される

　バスケットの真下を中心とした半径1.25mの半円をノーチャージ・セミサークルエリアという。攻撃側のプレイヤーはバスケットへ切れ込んでいく場面で、このエリア内で正しいポジショニングをする防御側のプレイヤーの胴体に突き当たったとしても、チャージングを宣されない。主に、防御側の選手によるゴール下での待ち伏せ行為を排除するためのルールとなる。ただし、攻撃側のプレイヤーが腕や足など、体の一部を不当に使って接触した場合には適用されない。

ノーチャージ・セミサークルエリア内で適用されるプレー

攻撃側のプレイヤーがバスケットに向かってペネトレイトするとき、ノーチャージ・セミサークルエリア内に、防御側プレイヤーの片足あるいは両足が触れているときに適用され、攻撃側のチャージングにならない。

腕や足など体の一部を不当に使って接触した場合は、チャージングとなる。

ノーチャージ・セミサークル内でも、攻撃側プレイヤーがピボットをしているときは適用されない。正当に防御している防御側プレイヤーに接触すると攻撃側のファウルとなる。

4 パーソナル・ファウル

ルール 09 ブロッキング

相手プレイヤーがドリブルをしている際に、体や足を使って不当な接触を起こし、進行を妨げた場合はブロッキングのファウル。

CHECK POINT

1 防御側プレイヤーは攻撃側がボールを持っていてもいなくても、不当に体を使ったり足を広げるなどして相手プレイヤーの進行を妨げてはならない。

2 シリンダーを越えて（P122）接触を起こし、相手プレイヤーの進行を妨げてはならない。

体のどこを使っても
相手の進行を妨げるとファウル

　相手プレイヤーがボールをコントロールしているかいないかに関わらず、足を広げたり体を相手プレイヤーに接触させて相手の進行を不当に妨げるとブロッキングのファウルとなる。反対に防御側が先に正当な位置を占めているのにもかかわらず、攻撃側がその胴体に接触を起した場合には、攻撃側プレイヤーのチャージングのファウルとなる。

▌足や体を使って防御する

過度に足を広げたり、体を使って相手のシリンダーへ不当に入り込んで防御体勢を取ることはできない。

体ごとぶつかり攻撃プレイヤーの進行方向をふさいでしまうことはできない。

JUDGE
両手を腰にあてたら
ブロッキングのファウル

　審判が笛を鳴らしてファウルを宣し、スコアラーに向かって両手を腰にあてる動作をしたら、ブロッキングのファウルの合図。

4 パーソナル・ファウル

ルール10 イリーガル・ユース・オブ・ハンズ

防 御側プレイヤーが、手を使って相手プレイヤーの動きを妨げるとイリーガル・ユース・オブ・ハンズのファウルとなる。

CHECK POINT

1. プレイヤーは、相手プレイヤーを手で叩いたり、つかんだりしてはならない。

2. 偶発的に相手に手で触れてしまった場合などには、ファウルにならないこともあるが、相手に触れ続けて動きを妨げてはいけない。

3. 攻撃側も有利になろうとして不当に相手を手やヒジで押さえたり、相手の体に腕を巻きつけたりしてはいけない。

手で叩いたり触れ続けたりして
相手の動きを妨げてはならない

　相手プレイヤーがボールをコントロールしているかいないかに関わらず、プレイヤーは相手を叩いたり、つかんだり、触れ続けたりして、不当に手を使って相手の動きを妨げるとイリーガル・ユース・オブ・ハンズのファウルとなる。接触の仕方や接触した体の場所によっては、次頁以降のホールディングやプッシングのファウルとなることもある。

手を使って相手に接触する

相手がボールコントロールをしていなくても、腕を手でつかんだり相手の体に触れ続けてはならない。

ドリブルしているプレイヤーのボールではなく、手を叩いてはいけない。

JUDGE
手首を叩く動作の合図は
イリーガル・ユース・オブ・ハンズ

　審判が笛を鳴らしてファウルを宣し、スコアラーに向かって手首を叩く動作をしたらイリーガル・ユース・オブ・ハンズのファウル。

4 パーソナル・ファウル

ルール 11 ポストプレーのファウル

ポストにいるプレイヤーは、ヒジや腕などを広げてシリンダーを超えて過度に相手の動きを妨げてはならない。

CHECK POINT

1. ポストにいるプレイヤーは、攻守ともに相手プレイヤーのシリンダーを意識してプレーすること。

2. ポストにいるプレイヤーは、正当な位置を占めている相手プレイヤーを手や体を使って押しのけたり、相手プレイヤーが進行する動きを妨げたりしてはならない。

ポストに入るプレイヤーは
相手の動きを不当に妨げてはならない

　ポストにいるプレイヤーは、攻撃側も防御側も相手プレイヤーのシリンダーを常に意識しなければならない。攻撃側プレイヤーは、体を使って相手プレイヤーを押しのけたり、不当にヒジや腕などを使って、相手プレイヤーの動きを妨げたりしてはならない。防御側プレイヤーも、ヒジやヒザ、または体のほかの部分などを使って相手プレイヤーの動きを妨げてはならない。

攻撃側ポストプレイヤーと防御側の不当な動作

ポスト位置に占める攻撃側と防御側のプレイヤーは、体の使い方やポジション取りによってそれぞれがファウルとなる場合がある。

相手を押しのけると
ファウル

ヒジ、肩、尻などを使って相手プレイヤーを押しのけたりするとファウルになる。

手で相手を押すと
ファウル

手で押したり、抱えたりするなどして相手プレイヤーの動きを妨げてもファウルになる。

4 パーソナル・ファウル

ルール 12 ホールディング

後ろから抱きついたり抱え込むなど、体のどの部分を使っても相手プレイヤーを押さえる行為は、ホールディングのファウルとなる。

CHECK POINT

1. ホールディングは、抱え込んだり、押さえつけて相手が自由に動けないようにしてしまうこと。
2. 腕や足、胴体など、体のどの部分を使っても不当に相手の動きを押さえてはいけない。
3. ホールディングは、攻守を問わずまた、相手プレイヤーがボールを持っているいないに関わらず、適用される。

つかんだり押さえたりして
相手の行動を妨げてはならない

　防御側か攻撃側かを問わず、また相手プレイヤーがボールをコントロールしているかいないかに関わらず、手でつかんだり、押さえたりするとホールディングのファウルとなる。特に、押さえるのは体のどの部分を使ってもいけない。また、相手プレイヤーのシリンダーを侵して脇に入り込むような不当な接触もホールディングのファウルとなる。

▌相手の体を押さえて動作を妨害

ボールをコントロールしていないプレイヤーにもホールディングは適用される。

後ろから抱え込んで、相手の動きを妨げてはいけない。

JUDGE
手首をにぎって下におろしたらホールディングの合図

　審判が笛を鳴らしてファウルを宣し、スコアラーに向かって手首をにぎる動作をしたら、ホールディングのファウルの合図。

4 パーソナル・ファウル

ルール 13 プッシング

手や体を使って相手プレイヤーを押すとプッシングのファウルとなる。進行方向を妨げたり、ポジション争いで起こりやすい。

CHECK POINT

1 プッシングとは、無理に押して相手のバランスを崩し、動かそうとするファウル。

2 相手チームのプレイヤーがボールを持っていてもいなくても、押してはいけない。

3 手だけでなく、腹、肩やお尻などで相手プレイヤーを押してもいけない。

手や体を使って
相手を押してはならない

　攻守を問わず、また相手プレイヤーがボールをコントロールしているかいないかに関わらず、手や体を使って相手プレイヤーを無理に押しのけたり、押して体勢を崩そうとするとプッシングのファウルとなる。防御側が、正当な防御の体勢をとっている場合でも、腹や肩、お尻など体の他の部分で相手を押すとプッシングのファウル。攻撃側の防御側プレイヤーを押して有利になろうとするプレーも同様。

▍相手を無理に押して体勢を崩す

ポストプレーなどでも、ボールをコントロールしていない相手を押しのけてはならない。

手を使わなくても、肩などの体の他の部分で相手を押して動かそうとしてはならない。

JUDGE
押すまねをしたら
プッシング

　審判が笛を鳴らしてファウルを宣し、スコアラーに向かって押すまねの動作をしたら、プッシングのファウルの合図。

4 パーソナル・ファウル

ルール 14 シュート動作中のファウル

シュートの動作が始まってから、終わるまでの間に不当な接触を起こすと、シュート動作中のファウルとなる。

CHECK POINT

1 シュートをしている間のファウルは、接触された側にフリースローが与えられる。

2 シュートをしようとする、またはシュートのひと続きの動作中に接触を起こすとシュート動作中のファウルとなる。

3 シュート動作中にファウルがあっても、ゴールが成功すれば、得点にカウントされ、さらに1本のフリースローが与えられる。

シュートの動作が始まってから終わるまでの接触はシュート動作中のファウルとなる

　攻撃側プレイヤーが、シュートをするために腕を上にあげる動作をするためにボールを持ったときに接触が起こるとシュート動作中（P68）のファウルとなる。また、シュートのためのひと続きの腕の動きの後や、たとえ手からボールが離れていても、空中にいるプレイヤーに不当に接触を起こした場合にもシュート動作中のファウルとなる。なお、ジャンプしてシュートをしたプレイヤーの両足が床に着くまではシュート動作と見なされる。

▎シュートプレイヤーの動作を妨害

シュートをしようとボールを持ったプレイヤーに不当な接触を起こすとシュート動作中のファウル。

シュートのために空中にいるプレイヤーに対しての不当な接触もシュート動作中のファウル。

JUDGE
シュート動作中のファウルに適用されるフリースローの場合

　ファウルを受けて与えられるフリースローは、シュート成功の場合1つのフリースロー。不成功で3ポイントライン内側からのシュートは2つ、外側からでは3つ。

4 パーソナル・ファウル

ルール 15 スクリーン・プレー

> スクリーン・プレーとは、あらかじめ場所を占めることにより、相手プレイヤーが望む場所に行くのを遅らせたり妨げたりするプレー。

CHECK POINT

1. 止まっている相手プレイヤーの視野の中でのスクリーンは、接触を起さない限りすぐ近くの位置を占めてもよい。

2. 止まっている相手の視野の外でのスクリーンは、相手が動いても接触しない1歩の距離をおいて位置を占めること。

3. 動いている相手へのスクリーンは、相手の動く早さや距離を考えて、通常の1〜2歩の距離をおいて位置を占めること。

相手の動きを遅らせるスクリーン・プレー

　スクリーン（壁）・プレーは、攻撃側が味方プレイヤーをマークする防御側に対し、コート上のある位置を正当に占めてその進路をふさぎ、味方を追いかけるのを遅らせたり妨げたりすること。止まっている相手の後ろなど視野の外のスクリーンは、普通に動いても接触しない距離をおき、相手の前や横など視野の中は、近い位置でも可能。動いている相手の場合は、接触の回避を考慮した位置（通常の1〜2歩の間）を占めなければならない。

▍スクリーン・プレーのかけ方

左側の攻撃プレイヤーが真ん中の防御プレイヤーにスクリーンをかけようとする。このことにより、右側のプレイヤーが進むとき、真ん中のプレイヤーは遠回りをさせられる。

スクリーンをかけるプレイヤーは、両足を普通に広げて床に着き、動かない状態あれば相手に接触してもファウルにはならない。過度に腕や足を伸ばした状態でスクリーンをかけることはできない。

4 パーソナル・ファウル

ルール 16 イリーガル・スクリーン

防 御側プレイヤーの動きに合わせて、横にスライドして触れ合いを起こすと、イリーガル・スクリーンとなる。

CHECK POINT

1 スクリーンをかけるときは、相手プレイヤーが動いている方向に対して体や足を動かして妨げてはならない。

2 止まっている防御側プレイヤーのすぐ後ろの位置を占めて接触を起してはならない。

3 動いているプレイヤーから通常の1〜2歩の距離をおかないでスクリーンの位置を占めてはならない。

スクリーン後に横へ動いたり、体の他の部分を使い相手の動きを妨げてはならない

　スクリーン・プレーをする際に、相手プレイヤーが動く方向に足や肩を動かすなど、不当に体を使って身体接触を起こすとイリーガル・スクリーンのファウルとなる。止まっている相手のすぐ後ろや、動いている相手が接触を避けられるだけの距離をおかないで位置を占めたり、足を床に着けたままヒジや腰などで自分のシリンダーを越えて相手に接触を起こしても同様のファウル。

▌イリーガル・スクリーンとなる動き

相手の進路へ無理に入り、強引に体を入れてスクリーンをかけてはいけない。両足を床につけて動かない状態でも、肩や腕で相手を押さえるとファウルとなる。

スクリーンを相手プレイヤーの後ろ(視野の外)でかける場合は、最初から接触が起こる位置を占めてはいけない。

JUDGE
スクリーン・プレーで起こりやすいブロッキングの合図

　審判が笛を鳴らしてファウルを宣し、スコアラーに向かって両手を腰にあてる動作をしたらブロッキングの合図。スクリーン・プレーではブロッキングが起こりやすい。

4 パーソナル・ファウル

ルール 17 スクリーンプレーで起こるファウル（防御側）

スクリーン・プレーでは体の使い方や状態により、スクリーンをかけられる側がファウルを引き起こす場合もある。

CHECK POINT

1 スクリーン・プレーでは、スクリーンをする方もかけられる方も互いに自分のシリンダーを守らなければならない。

2 正当にスクリーンをかけているプレイヤーに対し、かけられている側が無理に押しのけたり、押さえたりするとファウルとなる。

3 スクリーンをかけられるプレイヤーが起こしやすいファウルは、プッシングやホールディングなど。

スクリーンをかけられる側が
引き起こしてしまうファウル

　スクリーンをかけられたプレイヤーは、自分の進路が妨害されて動きが遅れることにより、マークしているプレイヤーへ的確な防御ができなくなる。このことにより、攻撃側プレイヤーの体をつかむことやぶつかること、スクリーンをかけているプレイヤーを押さえたり、無理に押しのけて強引に進もうとすることがあれば、ファウルをとられる。引き起こしやすいファウルは、プッシングやホールディングなどがある。

スクリーンによって引き起こされるファウル

真ん中の防御側プレイヤーは、左の攻撃側プレイヤーをマーク。右側のプレイヤーにスクリーンをかけられたので、押しのけて無理に進もうとして接触を起こす。

スクリーンをかけられたプレイヤーが、マークしているプレイヤーの進路を妨げるため強引に相手の体を押さえて防御を続けると、ファウルとなる。

JUDGE
スクリーンされた側が起こしやすい
プッシングの合図

　審判が笛を鳴らしてファウルを宣し、スコアラーに向かって、押すまねの動作をしたらプッシングの合図。スクリーンをかけられ自由に動けず、相手を押すとプッシング。つかまえたり押さえればホールディング。

4 パーソナル・ファウル

ルール 18 ダブル・ファウル

両 チームのプレイヤーがほとんど同時に相手を押し合うなど、互いにパーソナル・ファウルを起こした場合はダブル・ファウル。

CHECK POINT

1 両方のプレイヤーの身体接触を伴うファウルの時、ダブル・ファウルとなる。

2 両方のファウルが対戦プレイヤー同士で与えられる罰則も等しい時、ダブル・ファウルとなる。

3 ファウルがあった状況により、ジャンプボール・シチュエーションか定められた場所からのスローインでゲームは再開される。

ダブル・ファウルが起こると
両プレイヤーにファウルを記録

　両チームのプレイヤーが、ほとんど同時に互いにパーソナル・ファウルを起こすとダブル・ファウルとなり、両プレイヤーにファウルが記録される。その際、ファウルがあったときの状況によって、ジャンプボール・シチュエーションや定められた位置からのスローインでプレー再開となる。双方に与えられる罰則が異なる場合（例：パーソナルファウルとアンスポーツマンライクファウルなど）は、ダブル・ファウルとならず、それぞれの罰則を順番に処置する。

攻守のプレイヤーが同時にお互いをつかんだり、押すなど粗暴なプレーをおこすと、ダブル・ファウルとなる。

ボールを持っている、いないに関わらずプレイヤー同士が不当な接触を同時におこすとダブル・ファウルと判定。

JUDGE
両手のコブシを交差したら
ダブル・ファウルの合図

　審判が笛を鳴らし、両手のコブシをあげ、左右に交差させる動作をしたら、ダブル・ファウルの合図。ジャンプボールシチュエーションまたはスローインでゲームを再開する。

COLUMN ● ルールこぼれ話 4

ユニフォームのあれこれ

バスケットボールのユニフォームのシャツが主にタンクトップなのは、相手プレイヤーの袖をつかんだり引っ張ったりしてファウルが起こるのを防ぐためとか、シュートやドリブルをするときに袖が邪魔にならないためともいわれる。また、室内で行うスポーツなので直射日光による体力の消耗を考える必要がなく、通気性のよい形になったなど、さまざまな理由があるようだ。一時期ダボダボのパンツをはいてプレーする選手が多かったのは、バスケットボールの神様ともいわれたマイケル・ジョーダンがはき始めてから流行ったものであった。ダボダボのシャツはストリートバスケの影響もあり、ファッション的な要素も含んでいる。また、ダボダボであればユニフォームを引っ張られたりしたときでも転倒しづらく、ケガもしにくいというメリットもある。2009年のルール改正により、ユニフォームシャツの下のTシャツ着用が全面禁止となり、2014年からはパンツの長さはヒザ上までと定められた。最近は肩が隠れる半袖サポータータイプのシャツを男子選手が着用するなどユニフォームも進化を続けている。

バスケットのユニフォームは、機能性やプレーの特性を考えた構造の為、タンクトップとなっていると言われている。

PART 5

その他のファウル

熱戦となるゲーム展開では、
気持ちが過剰に高まり行き過ぎた行為になることもある。
ゲームに支障をきたしてしまう違反行為はどのようなものか。

5 その他のファウル

ルール01 その他のファウルとは

審 判や相手チームに暴言を吐いたり、相手プレイヤーに嫌がらせをして怒らせるような態度をとると、身体接触がなくても罰せられる。

CHECK POINT

1. プレイヤーが、ボールに正当にプレーしていないと判断され、身体接触が起こるとアンスポーツマンライク・ファウルとなる。

2. スポーツマンシップやフェアプレーの精神から逸脱するような行為をするとテクニカル・ファウルとなる。

3. プレー中だけでなく、ゲーム開始前やインターバル中にもこのようなファウルとなることがある。

ボールに正当にプレーしていなかったりアンフェアなプレーはファウルとなる

　ファウルには、プレイヤー同士の体の接触から起こるパーソナル・ファウル（PART4参照）のほか、スポーツマンらしくない行為の規定に違反するファウルもある。ボールに正当にプレーしていないと審判に判断されるプレーや、スポーツマンシップとフェアプレーの精神から著しく逸脱するような行為はしてはならない。また、ゲーム開始前やインターバルの間にもファウルは起こりえる。

フェアプレー精神に反するファウル

アンスポーツマンライク・ファウル（P160）
規則の精神と目的を逸脱し、ボールに正当にプレーしていない身体接触と審判が判断した場合には、アンスポーツマンライク・ファウルとなる。

テクニカル・ファウル（P162・P164）
プレイヤーやチーム関係者が、審判の注意や警告を無視するなどスポーツマンシップやフェアプレー精神に反する行為はテクニカル・ファウルとなる。チーム関係者の暴力行為も同様に罰せられる。

ディスクォリファイング・ファウル（P166）
特に悪質なパーソナルファウルや、はなはだしくスポーツマンらしくないファウルはディスクォリファイング・ファウルとなる。コーチにテクニカル・ファウルが複数回宣告されることにより、ディスクォリファイング・ファウルとなることもある。

ファイティング（P167）
コート内やコート周辺で暴力行為が起きたときまたは起こりそうなときに、ベンチエリアから出たコーチやアシスタント・コーチ、交代要員とチーム関係者に適用されるが、コーチとアシスタント・コーチは、暴力行為を止めるためであればベンチエリアを出ても構わない。

5 その他のファウル

ルール02 アンスポーツマンライク・ファウル

相手プレイヤーのユニフォームをつかんで引っ張るなど、ボールに正当にプレーしていないとみなされると適用されるファウル。

CHECK POINT

1 プレイヤーは規則の精神に則って正当にプレーしなければならない。

2 ボールにプレイしたとしても、非常に激しい接触の場合にはアンスポーツマンライク・ファウルとなる。

3 アンスポーツマン・ライクファウルが宣告されると、相手チームにフリースローとその後のスローインが与えられる。

ボールに正当にプレーしていないファウル

アンスポーツマンライク・ファウルは、規則の精神と目的を逸脱し、ボールに正当にプレーしていないと審判が判断したプレイヤーへのパーソナル・ファウルで、状況に応じて相手チームにフリースローとその後のスローインが与えられる。プレイヤー同士の体の接触によるパーソナル・ファウルでも、程度が非常に激しい場合にはアンスポーツマンライク・ファウルとなることがある。その他にも下記の3つはアンスポーツマンライク・ファウルとなる。

※速攻を出そうとする場面で、攻撃側プレイヤーとバスケットの間に防御側プレイヤーが1人もいない状況で、阻止しようとする防御側がその攻撃側プレイヤーの後ろや横から接触を起こしたファウル。
※攻撃側プレイヤーが進行する時、その進行を妨げることを目的として、防御側のプレイヤーの不必要な接触のファウル。
※試合時間残り2分を切ってからのスローインで、攻撃側プレイヤーの手からボールが離れる前に防御側プレイヤーが起こしたファウル。
（2023年度より「スローインファウル」として、罰則はフリースロー1本のみとスローインに変更）

▍アンスポーツマンライク・ファウル

ヒジを振りまわして、危険な接触を起した場合アンスポーツマンライク・ファウルとなる。

相手を押したりするとプッシングなどのファウルとなるが、後方から突き飛ばすなど激しく悪質な場合はアンスポーツマンライク・ファウルとみなされる。

※1人のプレイヤーが2回すると退場になる。
（アンスポーツマンライクファウル1回、テクニカルファウル1回でも退場となる。）

JUDGE
あげた手首を握ったら
アンスポーツマンライク・ファウルの合図

審判が笛を鳴らし、あげた手首を握る動作をしたら、アンスポーツマンライク・ファウル。フリースローとその後のスローインが与えられてゲームを再開する。

5 その他のファウル

ルール03 プレイヤーのテクニカル・ファウル

> **審**判の注意や警告を無視したり、審判に対して暴言を吐いたりすると、そのプレイヤーにテクニカルファウルが宣告される。

CHECK POINT

1 審判の警告を無視したり、スポーツマンらしくない行為はプレイヤーのテクニカル・ファウルとなる。1人のプレイヤーが2回すると退場になる。

2 ゲームの進行を不当に遅らせるような行為もテクニカル・ファウルの対象となる。

3 テクニカル・ファウルが宣告されると、相手チームに1個のフリースローが与えられる。

審判や相手への抗議・暴言・挑発など
フェアプレー精神から逸脱する行為

　プレイヤーのテクニカル・ファウルとは、スポーツマンシップとフェアプレー精神に反する行為で、主に相手チームとの体の接触がないファウルをいう。審判の注意や警告を無視したり、相手チームに対して嫌がらせや怒らせるような言動をしたり、ゲームの進行を不当に遅らせようとしたプレイヤーには1個のテクニカル・ファウルが記録される。相手チームには1個のフリースローが与えられ、テクニカルファウルが宣せられた時の状況に戻ってゲームが再開。

※プレイヤーのテクニカル・ファウルは各クォーターのチームファウルに数えられる。

プレイヤーのテクニカル・ファウル例

- 相手プレイヤーの目の前で手を振って視界を妨げる。
- ヒジを激しく振り回す。(接触があった場合はアンスポーツマン・ライク・ファウル)
- バスケットを通過したボールに故意に触れるなどしてゲームの進行を遅らせる。
- ファウルをされたように見せかけるため、わざと床に倒れたりして審判を欺こうとする。
- 正当な理由なくしてコートから離れる。
- 不必要にリングをつかんで体重をかける。
 (右写真参照)
- 最後のフリースローのとき、防御側プレイヤーがゴール・テンディングかインターフェアの規定に違反する。
- ゲームの最後の2分間でスローインに対する防御側プレイヤーの遅延行為(審判の警告にも関わらず、境界線を越してスローインを妨げる)があった場合。(上記に至るまで、すでにスローインの遅延に対するバイオレーションが宣せられていた後に、再度遅延行為があった場合。)

JUDGE
両手でT型を示したら
テクニカル・ファウルの合図

　審判が笛を鳴らし、両手でT型を示したら、テクニカル・ファウルの合図となる。相手チームに1個のフリースローを与えて、テクニカルファウルが宣せられた時の状況に戻って再開する。

5 その他のファウル

ルール 04 プレイヤー以外のテクニカル・ファウル

プレイヤーだけでなく、コーチ、アシスタント・コーチ、交代要員、チーム関係者にもテクニカル・ファウルは適用される。

CHECK POINT

1 プレイヤー以外のテクニカル・ファウルはコーチに記録される。

2 コーチ、アシスタント・コーチ、交代要員、チーム関係者の暴言や悪質な態度はテクニカル・ファウル。

3 コーチ、アシスタント・コーチ、交代要員、チーム関係者は許可なくベンチエリアを出ることができない。

コーチなどが暴言や無礼な態度を とることや許可なくベンチを出る行為

　コーチ、アシスタント・コーチ、交代要員、チーム関係者が、審判、コミッショナー、テーブル・オフィシャルズ、相手チームに暴言を吐くなど失礼な態度をとったり、特定の場合を除いて、許可なくベンチエリアを出たりしたときには、コーチに1個のテクニカル・ファウルが記録される。相手チームには1個のフリースローが与えられ、テクニカルファウルが宣せられた時の状況に戻って再開。

※コーチ自身のテクニカルファウル2回、コーチ以外のテクニカルファウル3回でコーチは退場となる。

プレイヤー以外がベンチエリアを出てもOKな場合

・負傷したプレイヤーを介抱するため、審判の許可を得たとき。
・ひどく負傷したプレイヤーが直ちに処置を必要とする場合に、審判の許可を待たずに医師が独断でコートに入るとき。
・交代要員が、スコアラーに交代を伝えたとき。
・コーチまたはアシスタント・コーチが、審判にタイムアウトを要求するとき。
・タイムアウトの際、ベンチエリア前のコート内でプレイヤーに声をかけるとき。
・コーチやアシスタント・コーチが、コート内での暴力行為などを止めようとするとき。

JUDGE
両手でT型を示したら テクニカル・ファウルの合図

　審判が笛を鳴らし、両手でT型を示したら、テクニカル・ファウルの合図となる。相手チームに1個のフリースローを与えて、テクニカルファウルが宣せられた時の状況に戻ってゲームを再開。

5 その他のファウル

ルール05 ディスクォリファイング・ファウル

プレイヤーだけでなく、コーチや交代要員などのスポーツマンらしくない行為もディスクォリファイング・ファウルの対象となる。

特に悪質なファウルを犯すと失格・退場となる

　特に悪質なファウルをプレイヤーや、交代要員、コーチ、アシスタント・コーチ、チーム関係者が行うとディスクォリファイング・ファウルとなる。一度宣告されると失格や退場となる。テクニカル・ファウルをコーチ自身が2回、コーチ自身も含めアシスタント・コーチや交代要員、チーム関係者が行いコーチに記録されて計3回となったり、プレイヤーがアンスポーツマンライク・ファウルを2回宣せられたときもディスクォリファイング・ファウルが適用される。

JUDGE
両コブシをあげたらディスクォリファイング・ファウル

ファウルをした相手側にフリースローが2個与えられ、その後スローインで再開。

ルール06 ファイティング

ゲーム中に両チームのプレイヤーや交代要員、コーチ、アシスタント・コーチなどの間で暴力行為が起こることがある。

コート上の争いを止めるために
ベンチエリアを出ると違反

　ファイティングの規定は、コート内やコート周辺で暴力行為が起きたときまたは起きそうなときに、ベンチエリアから出たコーチ、アシスタント・コーチ、交代要員、チーム関係者は失格・退場となる。ただしコーチとアシスタント・コーチは、暴力行為を止めるためであればベンチエリアを出ても構わない。

※この際の罰則は、コーチに1個のテクニカル・ファウルが記録されるが、チームファウルには含まれない。

JUDGE
ディスクオリファイング・ファウルと同じ合図を審判は示す

対象者に対して、ディスクオリファイング・ファウルと同じ合図で判定を示す。

5 その他のファウル

ルール 07 5ファウル（プレイヤーの5つ目のファウル）

合 計5回のファウルを宣告されたプレイヤーは、それ以上プレーを続けることができず、30秒以内に交代しなければならない。

ファウルが計5回となったプレイヤーは 30秒以内に交代しなければならない

　1人のプレイヤーが、パーソナル・ファウルとテクニカル・ファウルを問わず、計5回のファウルを宣告されたら、そのプレイヤーは直ちに交代しなければならずそれ以降ゲームに参加できない。交代要員は30秒以内にコートに入らなければならない。5回のファウルを宣告後に、そのプレイヤーがテクニカル・ファウルを宣告された場合は、チーム関係者のファウルとしてコーチにテクニカル・ファウルが記録される。

ルール08 チームファウル

チームファウルの数は、表示器具で示される。

チームファウルの罰則が適用され、ボールコントロールをしていないときのパーソナル・ファウルは相手チームのフリースロー。

各クォーターのチームファウルは5回目以降から罰則が与えられる

　1チームが各クォーターの間にパーソナル・ファウルとプレイヤーのテクニカル・ファウルが累積されると、5回目以降にはチームファウルが適用。ボールをコントロールしていないときの5回目以降のパーソナル・ファウルで、相手チームへ2個のフリースローが与えられる。インターバル中のパーソナル・ファウルやプレイヤーのテクニカル・ファウルは次のクォーターのチームファウルとして数えられる。

5 その他のファウル

ルール 09 特別な処置

バイオレーションやファウルが起こって時計が止まっている間に、別のファウルが起きた場合は、起きた順序に従い特別な処置をする。

CHECK POINT

1 バイオレーションやファウルでゲームクロックが停止している間、別のファウルが起こると特別な処置が適用され、各罰則を確認する。

2 ファウルは全て記録。バイオレーションやファウルが起こった順に同等の罰則は相殺。ダブル・ファウルの罰則は取り消す。

3 ファウルの罰則に含まれるスローインは、最後の処置に含まれる場合でのみ適用。

ファウルやバイオレーションが起こった順序により等しい重さの罰則を相殺する

　バイオレーションやファウルで時計が止まっている間、別のファウルが起きると特別な処置が適用。ファウルはすべて記録され、起こった順序を決定する。同等の罰則は相殺され、各ファウルの処置となるスローインは、最後のファウルの罰則に含まれるときのみ適用。相殺後に残った罰則は起きた順序に沿って適用されるが、残ったフリースローの1回目やスローインのとき新たなファウルが生じても相殺対象とならない。

スローインでゲームが再開される

両チームに科される罰則を相殺した結果、罰則が残らず、また最初のファウルかバイオレーションが起こったのとほとんど同時にシュートが成功して得点が認められた場合は、得点されたチームのエンドラインからのスローインで再開。

5 その他のファウル

特別な処置をする場合

（1）防御側プレイヤーB1がシュート動作中の攻撃側プレイヤーA1にファウルをし、シュートは成功した。その後、暴言を吐いたA1にテクニカル・ファウルが宣せられた。

A1の得点は有効。両方のファウルの罰則は等しい（フリースロー1本）ので、相殺される。ゲームは通常のシュートが成功したあとと同じく、エンドラインからのチームBのスローインで再開される。

（2）防御側プレイヤーB1がシュート動作中の攻撃側プレイヤーA1に対してアンスポーツマンライク・ファウルをし、A1のシュートは成功した。その後、A1がテクニカル・ファウルを宣せられた。

A1の得点は有効。それぞれのファウルの罰則は等しくない（フリースロー1本とスローイン、フリースロー1本）ので、互いに相殺することはできない。リバウンドなしで1本のフリースローがチームBに与えられた後、リバウンダーなしで1本のフリースローがA1に与えられる。その後フロントコートのスローインラインから、チームAのスローインでゲームが再開される。

（3）ポジション争いにおいて防御側プレイヤーB1が攻撃側プレイヤーA1を押しのけ、パーソナルファウルを宣せられた。これはチームBの5個目のチームファウルであった。その後（ほとんど同時ではなく）A1がB1を突き飛ばし、アンスポーツマン・ライク・ファウルを宣せられた。

両方のファウルの罰則は等しくない（フリースロー2本、フリースロー2本とスローイン）ので、ダブル・ファウルにならず、相殺することはできない。まずA1の2本のフリースローが与えられた後、B1にリバウンダーなしで2本のフリースローが与えられる。その後フロントコートのスローインラインから、チームBのスローインでゲームが再開される。

（4）防御側プレイヤーB1はドリブルをしている攻撃側プレイヤーA1に対してファウルをした。このファウルはチームBの5個目のチームファウルであった。そのあと、A1はボールをB1の体に投げつけたため、テクニカル・ファウルを宣せられた。

チームBにリバウンダーなしで1本のフリースローが与えられ、その後2本のフリースローがA1に与えられる。

特別な処置をする場合

そのクォーター5個目のパーソナル・ファウルを宣せられた濃い色のプレイヤーが、時計が止まっている間に判定を不服として審判に暴言を吐き、テクニカル・ファウルを宣せられた。

続いてファウルをされたことに激高した白色のプレイヤーが濃い色のプレイヤーを突き飛ばしてしまう。

審判は白色のプレイヤーにアンスポーツマンライク・ファウルを宣した。3つのファウルが続いて起こったので、「特別な処置」がなされる。

まず濃い色のプレイヤーが起こしたテクニカル・ファウルに対して白色チームにフリースロー1本、そのクォーターのチームファウルが4個を超えているのでパーソナル・ファウルに対して白色のプレイヤーにフリースロー2本が与えられる。その後、白色のプレイヤーのアンスポーツマンライク・ファウルに対して濃い色のプレイヤーにフリースロー2本、フロントコートのスローインラインからのスローインでゲームを再開する。

5 その他のファウル

ルール10 処置の訂正

審判が間違った処置をしてしまったときは、特定の場合、可能な時期に限り処置を訂正することができる。

CHECK POINT

1 審判はフリースローや得点に関し、特定の条件を満たせば誤った処置を訂正できる。

2 審判が誤りに気づいたら、両チームに不利にならない状況であれば、直ちに笛を吹いてゲームを止める。

3 テーブル・オフィシャルズが誤りに気づいたら、プレー中は合図器具を使うことはせず、ボールがデッドになったときに器具を使い審判に知らせる。

審判が間違った処置をしてしまったときは特定の場合、時期により訂正できる

　審判が間違った処置をしてしまったときは、「与えるべきフリースローを与えずにゲームを再開してしまった場合」「与えるべきでないフリースローを与えてしまった場合」「指定されたシューター以外のプレイヤーがフリースローを行った場合」「間違えて得点を認めたり取り消したりした場合」に限り、処置の訂正ができる。訂正できるのは、ゲームクロックが動き始めてから最初にデッドになり、次にライブになる前に限る。

▍訂正の仕方

与えるべきフリースローを与えなかった場合

ゲームが止められるまで一度もチームのボールコントロールが移動していないときは、訂正のフリースローを与え、通常のフリースローと同じようにゲームの再開をする。ゲームを止める前にそのチームが得点した場合は、訂正のフリースローは行わない。ボールコントロールが変わっているときは訂正のフリースローの後、ボールコントロールしていたチームのスローインで再開。

与えるべきでないフリースローを与えた場合

フリースローは取り消される。ゲームクロックが停止中に気づいた場合は、誤ってフリースローを与えられたチームのサイドラインのスローインで再開。ゲームクロック始動後の場合も同様だが、相手側に攻撃が変わっていたりスローインの権利が生じていると、ジャンプボール・シチュエーションとなる。

指定者以外がフリースローを行った場合

フリースローは取り消され、相手側のスローインで再開。ただしフリースロー1投目でボールがシューターの手から離れる前に誤りに気づいたら、正しいプレイヤーによるフリースローが行われる。

得点を間違えていた場合

審判の承認によって、いつでも正しい得点に訂正できる。スコアラーによるファウルやタイムアウトの数の記録間違いや、時計の操作ミスも審判の承認により訂正可能。ただしゲーム終了後、クルーチーフがスコアシートにサインをした後は訂正できない。

COLUMN ● ルールこぼれ話5

バスケットボールの歴史

考案者は、アメリカ・マサチューセッツ州スプリングフィールドのYMCA(キリスト教青年会)のトレーニングスクールで、体育担当インストラクターを務めていたカナダ人男性のジェームズ・ネイスミス。1891〜1892年の冬、YMCAトレーニングスクールの学生たちが長い冬の間は外でアメリカンフットボールやラクロスなどのスポーツができず、体育館での柔軟や器械体操などの授業に飽きていた。そこで、ジェームズ・ネイスミスは室内でもできる激しいスポーツを求め、少年時代に離れたところから石を投げて鬼の石を落とす遊びをヒントにバスケットボールを考え出した。当初は体育館のギャラリーに桃を入れる籠を提げ、そこにサッカーボールを入れあっていた。日本では1908年、YMCAのトレーニングスクールを卒業した大森兵蔵が東京YMCAで紹介したのが始まり。その後大学スポーツを中心に広がり、1930年には現在のJBA(日本バスケットボール協会)の前身、大日本バスケットボール協会が設立され、普及と発展に努めている。

バスケットボールは、桃の籠にサッカーボールを入れるというスポーツが起原だ。

PART 6

スコアシート

シュートの種類や得点経過はどのようなものか、
起こったファウル内容は何であったか、
ゲーム内容が把握できるスコアシートを理解しよう。

6 スコアシート

ルール 01 スコアシートの書き方と見方

スコアシートは、ゲームの大会概要やどのプレイヤーがいつ得点をしたのか、ファウルをしたのかが記載される。書き方を覚えれば、より深くゲームを理解することができる。またテーブル・オフィシャルズのスコアラーが記入するスコアシートは、公式記録の元となる重要な役割をもつ。

記入する項目

スコアシートは大きく分けてゲームの開催された日時や場所、対戦チーム名などを記入する欄と、チームメンバーやコーチの氏名やファウルを記入する欄、得点とその時間を記入する欄の3つで構成されている。それぞれの項目はゲーム前やゲーム中、ゲーム後と各タイミングで内容を記入していく。ゲームが始まったら得点やファウルを見逃さないよう、コートの流れや審判の合図をしっかりと確認しておく必要がある。そのためにはルールの基本をおさえておくことはもちろん、どのプレイヤーがゴールし何点カウントされたのか、ファウルの種類は何かといった、審判の合図も理解しておかなければならない。

ゲーム前に記入しておく内容

スコアシートに記入する際は、黒と赤の2色のペンを使用し、黒色はゲーム前や終了後に記入する項目や第2、第4クォーターとオーバータイム時に使用。赤色は第1、第3クォーター時の内容を記すときに使用。

ゲーム開始までに、対戦するチーム名やプレイヤーの氏名・番号、コーチとアシスタント・コーチの氏名、日時や場所などを記入。ホームチームや組み合わせが先、もしくは番号の早いチーム側をA欄に書いておく。ゲーム開始10分前までに、両チームのコーチに最初に出場する5人のプレイヤーを確認してもらい、Player-inの項目に黒字で×印、キャプテンは氏名横に（CAP）マークを書く。ゲーム開始時には出場選手を確認し、Player-inの×印を赤字で○に囲む（注1）。

※スコアシートは2019年度より新しい書式になり、項目を記入する場所が若干変わっています。

スコアシート

プレイヤー氏名など
プレイヤーの氏名や番号、出場者やキャプテン、ファウルの有無や種類について記載。下段には相手チームを記入する。

ゲームの概要
ゲームの日時や場所、大会のときにはその名称などを記入。

審判について
審判やスコアラーなどの氏名を記入する。

得点と試合結果
各クォーターの両チームの得点と試合結果を記入する。

スコアシート

ルール02 スコアシート ランニング・スコア

　ゴールが成功して得点をすると、ランニング・スコアにカウントしていく。何番のプレイヤーがどんな種類のゴールを行ったか、ゲームが始まったら見逃さずにチェックしよう。

ランニング・スコアの内容

　ランニング・スコアは、両チームのそれぞれの得点内容を書く。第1、第3クォーターは赤、第2、第4は黒のペンで色分けする。

　シュートが成功すると、該当の合計得点欄に2ポイントエリアからは斜線「／」、フリースローは「●」を記載し、横にプレイヤー番号を書く。3ポイントエリアからは、該当の合計得点欄に「／」を引き、プレイヤー番号を「○」で囲む。P181のスコアを見ると、チームAの87番が2ポイントエリアからのシュートを成功させたので合計得点欄「2」に斜線「／」(注1)、横にプレイヤー番号、その後20番がフリースローを決めたので、1点が追加され合計得点「3」に「●」が記載(注2)されている。

※スコアラーが左利きの場合、斜線は「＼」でも可。

クォーター終了時と例外のゴールの記入

　第1、2、3の各クォーター終了後は、その時点での両チームの得点とプレイヤー番号の枠に太い下線を引き、得点項目を「○」で囲む(注3)。第4クォーターやオーバータイムの終了時点で同点となり、次のオーバータイムが行われる場合も、各クォーター終了時と同じ記入方法となる。

　自陣へ誤ったゴールをしてしまい、そのシュートが成功してしまうと、相手チームのキャプテンが得点したものとしてスコアシート上記録

される。また、ボールがバスケットを通過しなくても、シュートしたボールに対する防御側のバイオレーション(インターフェアやゴール・テンディング)などが起こっている場合は、審判が得点とみなせば、シュートしたプレイヤーの得点としてスコアシートに記録される。

ランニングスコア

注1 — 2ポイントシュートの得点

2ポイントシュートで得点した場合、シュートをしたプレイヤーの番号を記入し、得点欄に斜線／を引く。

注2 — フリースローの得点

フリースローは、行った回数ごとにプレイヤーの番号と得点欄に●印を記入する。

※フリースローは、行う回数ごとに分けて書く。

3ポイントシュートの得点

3ポイントシュートは得点欄に斜線／を書き、そのプレイヤーの番号を○印で囲む。

注3 — クォーター終了

各クォーターが終了したら、プレイヤー番号と得点欄に太い下線を引き、終了時の得点を○で囲む。

ルール03 スコアシート ファウル

ファウルを起こすとそのプレイヤー氏名の横に記載され、誰がどんなファウルをいくつ宣せられたのかがひと目でわかる。ファウルの数から、ゲームの白熱した様子もみえてくる。

ファウルの記入方法

ファウルは、行ったプレイヤー氏名の横の所定欄にその種類が記載される。体の接触などによるパーソナル・ファウルは「P」(注1)、スポーツ精神に反するアンスポーツマンライク・ファウルは「U」(注2)、テクニカル・ファウルは「T」、ディスクォリファイング・ファウルは「D」。フリースローが与えられる場合は、記号の後ろにフリースローの数を小さく記入(注3)。

コーチやアシスタント・コーチ及び交代要員、チーム関係者などが起こしたテクニカル・ファウルは、すべてコーチのファウルとして記録。コーチ自身の行為であれば「C」、アシスタント・コーチや交代要員、チーム関係者が行った場合は「B」(注4)と書き分ける。

チーム・ファウルや特別な処置について

各クォーターでは、パーソナル・ファウルとプレイヤーのテクニカル・ファウルはチームファウルとして扱われる。チーム・ファウルは所定欄の「1」から順番に起こった回数に合わせて×印を記入(注5)。5回目以降は、チーム・ファウルとして所定の罰則が与えられる。

特別な処置(P170)の場合には、起こったファウルについてすべて記入される。ファウルの罰則が等しくなり与えられるフリースローが相殺になった場合は、ファウルの種類を表す記号の横に小さくキャンセルを表す「c」を記載する。例えばパーソナル・ファウルが起こり、特別な処置によりフリースローをしないときは「Pc」となる(注6)。

ファウル

ファウルの種類
起こったファウルの種類を記号別に記載し、横に小さく罰則として与えられるフリースローの数を記入。

クォーターごとのファウル
クォーターが終了したら、黒または赤の各クォーターの色で、起こったファウル欄を囲む。

注1　注3

	チームA： Team A	富士通							
	タイムアウト Time-outs		4		5	10			
	チームファウル 1P		~~1~~	~~2~~	~~3~~	2P	~~1~~	~~2~~	~~3~~	~~4~~
	Team Fouls 3P		~~1~~	~~2~~	~~3~~	3P	~~1~~	~~2~~	~~3~~	~~4~~
	選手氏名 Name of Players		No.	Pl-in	ファウル Fouls				
1	岩本敏夫		0	×	P	P2	P	P	—	
2	阿部隼也 (CAP)		1	⊗	P	P				
3	小倉久典		2	×	P	P2	P			
4	成田拡明		5							
5	上吹越更太		7	×	P					
6	片桐啓吾		9	×						
7	傳田知也		11	⊗						
8	高橋聖武		12							
9	石井講祐		14	×						
10	亀井崇信		18	×						
11	篠原賢		20	⊗	P	P				
12	知念恭平		34	⊗						
13	津本直哉		38	×	P2					
14	納富健介		87	⊗	P	P				
15	小川起央		88							
16	久米田幸一		91	×						
17	衣川元善		92	×						
18	山本一郎		90	×	U2	Pc	U2	GD		
	コーチ Coach： 岩佐威		サイン：Signature 岩佐威		B1	B1				
	A.コーチ A.Coach： 鈴木明				F	F	F			

注2　注6　　　　注4

先発と途中出場プレイヤー
先発プレイヤーは○印を記入し、途中出場のプレイヤーには×印を記入する。

チームのファウル
チームとして起こったファウルを順番に記入する。

コーチなどのファウル
コーチなどコート上にいるプレイヤー以外のファウルは、コーチの欄に記入する。

スコアシート
失格・退場やタイムアウト

ルール 04

失格・退場やタイムアウトも、スコアに記入する。インターバル中も失格や退場に該当のファウルが起こることもあるので常にコートやベンチ、審判をチェックしておこう。

失格や退場について

　ゲーム中に2回アンスポーツマンライク・ファウルを起こし失格・退場となった場合は、そのプレイヤーのファウル欄に「GD」記号を記入（注1）。プレイヤーもしくはコーチが起こした2回のテクニカル・ファウルも失格・退場に該当するので、同じく所定の欄に「GD」を書く。

　ファイティングはコーチが起こした場合は「D」、アシスタント・コーチや交代要員、チーム関係者の場合は「B」を記載。その後罰則により与えられるフリースローの数を、記号横に小さく記入する（注2）。残りの欄すべてに「F」を記入（注3）し、ファイティングによって失格・退場したことがわかるようにする。

タイムアウトの記入方法

　タイムアウトは第1、2クォーターの前半で2回、第3、4の後半で3回まで（オーバータイムはそのつど1回ずつ）可能。タイムアウトを請求したチームの所定欄に、左側から順に経過時間を記入する。残り時間が6分の場合は、4分過ぎているので「4」と記入（注4）。残り時間が0分20秒では10分経過しているので「10」となる（注5）。第1、3クォーターは赤、第2、4クォーターやオーバータイムのときは黒で記入。タイムアウトを使用しない場合は、黒色で2本の横線を引く（注6）。タイムアウトはコーチやアシスタント・コーチによってスコアラーへ請求され、その後規定の機会に認められる。

失格・退場やタイムアウト

タイムアウト

第1、第2クォーターは左側2枠、第3、第4は真ん中3枠、オーバータイムは右側3枠にタイムアウト取得時の経過時間を記入。

注4 注5 注6

チームA： Team A	富士通							
タイムアウト Time-outs		4		5	10			
チームファウル 1P		✕	2	3	✕	2P	✕	2 3 ✕
Team Fouls 3P		✕	2	3	✕	3P	✕	2 3 ✕

	選手氏名 Name of Players	No.	Pl-in	ファウル Fouls			
1	岩本敏夫	0	×	P	P2	P	P
2	阿部隼也（CAP）	1	⊗	P	P		
3	小倉久典	2	×	P	P2	P	
4	成田拡明	5					
5	上吹越更太	7	×	P			
6	片桐啓吾	9	×				
7	傳田知也	11	⊗				
8	高橋聖武	12					
9	石井講祐	14					
10	亀井崇信	18	×				
11	篠原賢	20	⊗	P	P		
12	知念恭平	34	⊗				
13	津本直哉	38	×	P2			
14	納富健介	87	⊗	P	P		
15	小川起央	88					
16	久米田幸一	91	×				
17	衣川元善	92	×				
18	山本一郎	90	×	U2	Pc	U2	GD	← 注1

コーチ Coach ： 岩佐威	サイン：Signature	B1	B1		← 注2
A.コーチ A.Coach ： 鈴木明	岩佐威	F	F	F	

ファイティングによる失格・退場

ファイティングは起こした人のファウルの欄に退場を示すFを残りの枠に書く。

注3

※この場合は、最初にアシスタント・コーチがテクニカル・ファウルを犯しコーチ欄に「B1」が記入され、次にアシスタント・コーチがファイティングを犯したのでコーチ欄に「B1」とAコーチ欄にファイティングによる退場を示す「F」が記入される。

プレイヤーの失格・退場

アンスポーツマンライク・ファウルを2回起こして失格・退場となった場合は、該当選手欄に「GD」を記入する。

スコアシート ゲーム終了について

ルール 05

ゲーム終了まできちんとスコアの記入ができれば、より深くバスケットボールを理解できるようになる。ゲーム終了時のポイントとスコアの担当であるスコアラーについて確認しよう。

ゲームの終了

ゲームが終了したら、両チームの最終得点を確認し、ランニング・スコアの最終得点を◯で囲み、2本の太い下線を黒色のペンで記入(注1)。残った得点欄には大きく斜線を引く(注2)。クォーターごとの得点を記載した点数と総合計得点に相違がないがチェックし、最終的な得点を記入(注3)。

スコアの記録終了後、上段にある枠にアシスタント・スコアラー、タイマー、ショット・クロック・オペレーター、スコアラーの順にサインをし、次にアンパイアとクルーチーフがサインをする。クルーチーフはスコアシートの内容を確認し、サインをするとゲームとの関係が終わる(注4)。

スコアの訂正とスコアラーの役割

各クォーター間やゲーム中に、スコアシートとスコアボードに示された得点が違うときは、すぐに正しい得点を確認して誤りを訂正。ファウル記載の誤りや不明点が生じたときは、必要に応じて一旦ゲームが中断され、審判の確認ができしだいゲームは再開される。

公式な大会など実際のゲームでは、スコアを記録するのはスコアラーの役割となる。スコアラーは得点や個人及びチームのファウル、タイムアウトを随時記録していく他に、表示器具ポゼッション・アローの操作やプレイヤーの交代、タイムアウト、特別な場合でプレーを止める必要があるときに審判へ合図を出す役割がある。

最終手続き

各担当者のサイン

ゲーム終了後、指定欄にアシスタント・スコアラー、タイマー、ショット・クロック・オペレーター、スコアラー、アンパイア、クルーチーフがサインをする。

注4

スコアラー：Scorer	佐藤和也
A.スコアラー：A.Scorer	田中智子
タイマー：Timer	青木剛
ショット・クロック・オペレーター	深川武夫
主審：Referee	鈴木亮
第1副審：Umpire1	西村誠
第2副審：Umpire2	

注3

スコア Scores		A		B
第1ピリオド Period1		27	–	18
第2ピリオド Period2		25	–	13
第3ピリオド Period3		24	–	2
第4ピリオド Period4		18	–	13
延長 Extra Period				
最終スコア Final Score		94	–	46
勝者チーム Name of winning Team		富士通		

注1 ゲームの終了

ゲーム終了した時点の得点を○で囲み、2本の太い下線を引く。

注2 残った得点欄

点数が確定し残った得点欄は、全体に大きな斜線を記入する。

バスケット基本用語の索引

あ

アウト・オブ・バウンズ	63
アシスタント・コーチ	20
アシスタントスコアラー	50
アンスポーツマンライク・ファウル	160
アンパイア	24
イリーガル	27・32
イリーガル・スクリーン	150
イリーガル・ドリブル	83・84
イリーガル・ユース・オブ・ハンズ	138
インターバル	57
インターフェア	112
エンドライン	14
オーバータイム	57
オルタネイティング・ポゼッションルール	108

か

クォーター	56
クルーチーフ	24
ゲームクロック	58
ゲーム終了のしかたと途中終了	59
ゲームの開始方法	54
ゲームの時間と流れ	56
交代要員	21
コーチ	20
ゴール・テンディング	110
5秒の制限	96
コミッショナー	165

さ

サイドライン	14
3秒ルール	94
試合時間の停止と続行	58
ジャンプしたプレイヤー	130
ジャンプボール	107
ジャンプボール・シチュエーション	109
シューティングガード	23
シュート動作中のプレイヤー	68
シュート動作中のファウル	146
処置の訂正	174
ショット・クロックオペレーター	50
シリンダー	122

審判の合図	34〜49
スクリーン・プレー	148
スコアラー	50
スモールフォワード	23
スリーポイントライン	15
スローイン	66
制限区域	15
ゼロステップ	89・91
センター	23
センターサークル	14
センターライン	14

た

タイマー	50
タイムアウト	72
タップ	55
ダブル・ファウル	154
ダブルドリブル	84
ダンク	68
チームファウル	169
チームメンバー	20
チャージング	132
ディスクォリファイング・ファウル	166
テーブル・オフィシャルズ	50
テクニカル・ファウル	162
デッド	60
得点の種類	70
特別な処置	170
トスアップ	25・107
トラベリング	88・90・92
ドリブル	82
トレール・オフィシャル	30

な

24秒ルール	98
ネット	17
ノーチャージ・セミサークルエリア	134

は

パーソナル・ファウル	120
バイオレーション	80
バスケット	17
8秒ルール	100
バックコート	102・104
バックストップユニット	17

用語	ページ
バックボード	17
パワーフォワード	23
ビジターチーム	22
ピボット	86
ピボットフット	86
ファイティング	167
5ファウル	168
ファウル	120
ファンブル	82
フィールドゴール	70
プッシング	144
フリースロー	114
フリースローのバイオレーション	116
フリースローライン	14
プレイヤー以外のテクニカル・ファウル	164
プレイヤーの交代方法	74
プレイヤーのテクニカル・ファウル	162
ブロッキング	136
フロントコート	102
ベネトレーション	134
ヘルドボール	106
ポイントガード	23
ホームチーム	22
ホールディング	142
ボールの扱い方	62
ボールの状態	60
ボールをコントロールしていないプレイヤーの防御	128
ボールをコントロールしているプレイヤーの防御	126
ボクシング・イン	27
ポスト	141
ポストプレーのファウル	140
ポストマン	23

ま

用語	ページ
マージナル	32

や

用語	ページ
ユニフォーム	22

ら

用語	ページ
ライブ	60
リーガル・ガーディングポジション	124
リード・オフィシャル	30
リング	17

協力

橋本信雄(FIBA国際バスケットボール連盟コミッショナー)
平野彰夫(FIBA国際バスケットボール連盟コミッショナー)
関東実業団バスケットボール連盟
新生紙パルプ商事株式会社バスケットボール部

モデル

富士通男子バスケットボール部 RedWolves

富士通男子バスケットボール部は、1946年に創部され、1981年に関東実業団バスケットボール連盟へ加盟。1991年に全日本実業団バスケットボール選手権大会へ初出場し、2015年迄で10回出場。2016年関東実業団バスケットボールリーグ戦(1部)にて初優勝を飾る。『明るく元気にひたむきに』をチームスローガンに、『アマチュア日本一』を目指し、選手・スタッフともに『文武両道』で日々バスケ・仕事に奮闘中。

監修者 東 祐二 (ひがし ゆうじ)

1969年生まれ。(公財)日本バスケットボール協会S級審判員、元FIBA(国際バスケットボール連盟)公認審判員。1997年より日本公認審判員として活動を始め、2002年よりFIBA公認審判員の資格を取得。主な参加大会は2009年FIBA U19男子世界選手権(ニュージーランド)、2018〜19年FIBAワールドカップアジア地区予選(香港、ニュージーランド)、2018年FIBA アジアチャンピオンズカップ(タイ)など。2013年男子東アジア選手権(韓国)、2014年アジア競技大会女子(韓国)では決勝戦の笛を吹く。2019年8月末でFIBA審判員の資格は満了。現在はB.LEAGUE(ジャパン・プロフェッショナル・バスケットボールリーグ)や社会人、学生などの国内大会で活動している。

STAFF

編 集	株式会社ギグ
執筆協力	嶋田真己・石川 聡・高松健一郎・下村祥子
撮 影	柳 太
デザイン	Design Office TERRA
DTP	居山 勝

すぐわかる バスケットボール ルール
審判・スコアの付け方

監修者	東 祐二
発行者	池田 士文
印刷所	TOPPAN株式会社
製本所	TOPPAN株式会社
発行所	株式会社池田書店

〒162-0851 東京都新宿区弁天町43番地
電話03-3267-6821(代)／振替00120-9-60072
落丁・乱丁はおとりかえいたします。
©K.K.Ikeda Shoten 2016, Printed in Japan
ISBN978-4-262-16638-4

本書のコピー、スキャン、デジタル化等の無断複製は著作権法上での例外を除き禁じられています。本書を代行業者等の第三者に依頼してスキャンやデジタル化することは、たとえ個人や家庭内での利用でも著作権法違反です。